Mundo post Covid

Diseño de tapa:
LUCAS FRONTERA SCHÄLLIBAUM

DIEGO QUINDIMIL

Mundo post Covid

La Psicología del trabajo
tras la pandemia

GRANICA

ARGENTINA - ESPAÑA - MÉXICO - CHILE - URUGUAY

ARGENTINA
Ediciones Granica S.A.
Lavalle 1634 3º G / C1048AAN Buenos Aires, Argentina
granica.ar@granicaeditor.com
atencionaempresas@granicaeditor.com
Tel.: +54 (11) 4374-1456 - 1158549690

MÉXICO
Ediciones Granica México S.A. de C.V.
Calle Industria N° 82 - Colonia Nextengo - Delegación Azcapotzalco
Ciudad de México - C.P. 02070 México
granica.mx@granicaeditor.com
Tel.: +52 (55) 5360-1010 - 5537315932

URUGUAY
granica.uy@granicaeditor.com
Tel.: +59 (82) 413-6195 - Fax: +59 (82) 413-3042

CHILE
granica.cl@granicaeditor.com
Tel.: +56 2 8107455

ESPAÑA
granica.es@granicaeditor.com
Tel.: +34 (93) 635 4120

www.granicaeditor.com

Quindimil, Diego
   El mundo post Covid : la Psicología del trabajo tras
la pandemia / Diego Quindimil. - 1a. edición especial -
Ciudad Autónoma de Buenos Aires : Granica, 2021.
   224 p. ; 22 x 15 cm.

   ISBN 978-987-8358-82-6

   1. Ensayo Psicológico. I. Título.
CDD 158

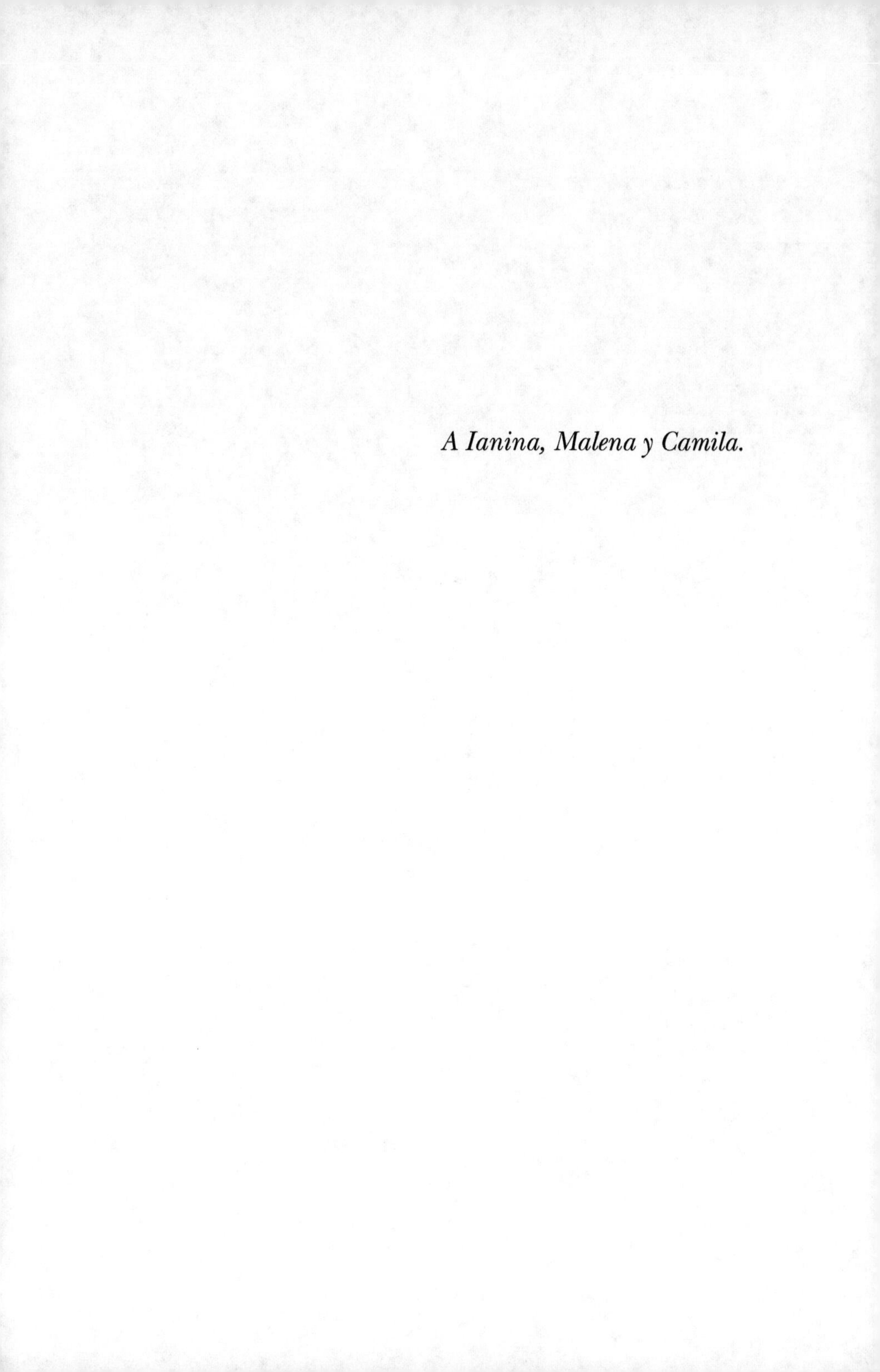

A Ianina, Malena y Camila.

Índice

Prólogo de Luis Karpf[1]

Diego Quindimil nos presenta en su libro una mirada del mundo del trabajo en tiempos de pandemia. Esta, como hecho social total, constituye una disrupción donde "todo" sucede a "todos", al mismo tiempo, en un marco de incertidumbre y aceleración de procesos, de cambios, adaptaciones, efectos deseados y otros inesperados, contradictorios e imprevisibles.

Su mirada sobre los fenómenos que aborda es en tiempo real. En un tiempo que fluye hacia un futuro, que nos invita a imaginar la práctica profesional, a partir de propuestas de enfoques teóricos que rediseñan la operación sobre nuestro espacio de intervención.

Diego se adentra en todas las áreas: las organizaciones, tanto privadas como públicas, las personas y sus vínculos, entre sí y con las organizaciones, los aspectos psicológicos a nivel individual y grupal, la salud mental, la determinación social, y los hilos conductores hacia autores que han analizados estos fenómenos. Asimismo, aporta sus experiencias,

---

1 Licenciado en Psicología, Universidad de Buenos Aires, profesor en el MBA y en la Maestría de RRHH de la Facultad de Ciencias Económicas de la UBA. Consultor organizacional, especialista en temas de comportamiento y transformación organizacional.

y las definiciones y propuestas con las que explora la complejidad de su quehacer profesional.

Este libro nos invita a explorar la amplitud de la complejidad del fenómeno porque nos genera constantemente interrogantes. Una y otra vez nos vamos a encontrar con preguntas, ya que como bien lo plantea el autor a lo largo de estas páginas, se trata de una realidad incierta y las preguntas han cambiado, las respuestas de antaño son parciales, limitadas y, muchas veces, ineficaces.

Incluso las mismas herramientas propuestas quizá sirvan mañana tan solo como puentes hacia un nuevo escenario. Ese nuevo escenario que se atreve a bosquejar a partir de sus reflexiones bajo la denominación de "post pandemia".

Su experiencia clínica introduce, además, la dimensión de los efectos psicológicos y los nuevos enfoques de liderazgo, sin caer en la confusión de roles, pues no se trata, como él aclara, de "ser el psicólogo de los colaboradores", pero sí de darle a esta perspectiva un punto donde asentarse e incluirla en las organizaciones, aspectos que hasta hoy eran subestimados, y que seguramente serán materia obligatoria de formación para los líderes en el futuro.

El texto nos invita a un viaje donde encontramos descripciones, teorías, definiciones, modelos, herramientas e interrogantes. Asimismo, nos propone dispositivos adaptados a la incertidumbre y a la vertiginosa realidad que vivimos, puente hacia un futuro con *algunas* certidumbres, con un mensaje implícito de optimismo al intentar imaginar cómo volveremos a ir de un sitio a otro para trabajar en las organizaciones, para encontrarnos nuevamente con otras personas y adentrarnos en realidades, como antes pero ya nunca igual que antes; con mayores distancias, pero más cerca.

Con un lenguaje cercano y sin perder profundidad, nos propone pensar la dimensión psicológica del trabajo, en la perspectiva de la salud mental, reflexionando sobre una realidad que se muestra esquiva, donde prácticas, procesos e impactos sobre las personas y organizaciones se aceleran a ritmos sin precedentes.

Continuando con su espíritu explorador, se abre camino en un territorio familiar y extraño a la vez, con herramientas y teorías que ya conocíamos, que hablaban de un mundo anterior. Este es parte del equipo del explorador, que le permite adentrarse en un territorio nuevo y desconcertante, imaginando un más allá, pensando el futuro y el impacto de las transformaciones que van sucediendo en el trabajo, en las organizaciones, y también en la subjetividad.

Diego comparte con generosidad esas herramientas con las que emprende esta tarea. Empezando por la descripción de los entornos actuales con los que hemos afrontado el desafío de mantener andando nuestra vida cotidiana, la súbita dependencia de la tecnología como uno de los pasos inmediatos adoptados para resolver el dilema de la continuidad sin presencialidad. Y los efectos, muchas veces, sucediéndose ante nuestros propios ojos, posicionándonos, simultáneamente, como observadores, actores y pensadores.

Nos acerca un recuento de conceptos, definiciones y teorías con las que delimitar el estudio de la crisis por la Covid-19, tipificando los dispositivos de trabajo adoptados sin dejar de recordarnos que muchos de ellos ya estaban a nuestro alcance antes, pero que ahora se convirtieron en modalidad casi exclusiva. En este sentido, mientras nos describe la dinámica en la nueva oficina, nos invita a pensar aquello que creíamos saber: qué es el trabajo, cuál es su relación con las personas y la identidad, qué papel ha desempeñado la salud mental en las organizaciones y cuál será su rol en el futuro.

Diego nos invita a pensar el concepto de bienestar como estado y de cómo alcanzarlo. Nos recuerda las postulaciones freudianas acerca de salud mental como la capacidad de amar y trabajar. Convoca, también, la concepción pichoniana referida a la capacidad de adaptación activa a la realidad.

Diego nos acerca también la posibilidad de pensar la pandemia como hecho disruptivo, cuyo efecto será o no traumático, de acuerdo con las posibilidades individuales y colectivas de acomodamiento y flexibilidad para enfrentarlo, señalándonos el dilema entre repetición o variación del sistema de respuestas con que contamos a nivel personal, social y cultural.

Es así que, una vez planteada la dirección inicial, avanza describiendo formatos en los que se ha desplegado la actividad, tanto en el nivel laboral como en el comunicacional y el educacional. Nos señala la exposición de la intimidad a partir de la nueva localización física del entorno donde desempeñamos las tareas. Las diferencias entre el contrato prescrito y el real en cuanto a actividades, horarios, organización de jornadas, rendimiento. Y el papel de los líderes en este escenario tan diferente e incierto.

Nuevos modos de vinculación, de tiempos y de dinámicas. Una nueva geografía y, además, nuevas subjetividades. Espacios donde se hace vital reconfigurarnos, preguntándonos dónde nos exponemos, ante qué mirada nos posicionamos, qué miradas nos delimitan y cuánto de nuestra identidad refuerzan, o ponen en cuestión. Tiempos discurriendo a otro ritmo, con horarios que se diluyen. Nuevas tecnologías y entornos cambiantes que ponen a prueba la capacidad de resiliencia, la flexibilidad y adaptabilidad, allí donde no está para nada claro el punto de equilibrio, o cuán frágil puede serlo.

Diego nos advierte también acerca de los efectos en quienes deben elaborar una nueva subjetividad fundada en nuevas prácticas, nuevas formas de vinculación.

En este nuevo contexto, el término "híbrido" cobra una importancia recurrente ya que, en muchos sentidos, la volatilidad y la incertidumbre hacen necesario contar con dispositivos y conocimientos que alternen diversas formas que compatibilicen aquello que hasta hace poco considerábamos incompatible: educación, capacitación, reunión, vinculación, intercambio, donde lo presencial y lo virtual deben alternarse.

Nuevos liderazgos se necesitan en este contexto, nuevas habilidades, nuevos intercambios. Un liderazgo ágil, de mirada flexible, cercano, empático, aun cuando físicamente debamos estar distantes. Habilidades "blandas" que requerirían de una preparación de líderes y equipos.

Diego, además, nos ofrece ejemplos fruto de su experiencia con las organizaciones, tanto grandes corporaciones como empresas familiares; arriesga miradas sobre el mundo de lo estatal y sus diferencias con lo privado, y nos propone herramientas para abordar las implicancias psicosociales de algunos de estos desafíos, que fueron puestos en práctica por doquier, sin solución de continuidad, precipitados por la pandemia y la urgencia por sostener la marcha de nuestras sociedades. Y se asoma a la era post Covid, nos invita a mirar más lejos e imaginar, a partir de la reflexión, cómo podría ser ese mundo que aún no tiene rasgos definidos pero que, sin dudas, no será el mismo que conocemos, puesto que lo andado ha cambiado lo conocido por algo que ya no será lo que fue.

El autor no solo releva aquello que está sucediendo sino que, además, nos ofrece herramientas que enriquecen nuestra labor profesional, lo que nos permite reflexionar acerca del futuro del trabajo y de nuestra práctica en el campo de la psicología del trabajo.

Prólogo del autor

En memoria de las víctimas de esta tragedia
que es la pandemia del Covid-19

Este libro es uno de los resultados de la pandemia y de la cuarentena. Es el producto de décadas de estudio y trabajo, de mi actividad como psicólogo, consultor y docente. Este trabajo ha sido acelerado por un tiempo en el cual el mundo se ha visto sacudido —en particular el trabajo— por la pandemia debida al Covid-19.

En este sentido, desde la psicología me propongo aportar sobre las particularidades de las personas en situación de trabajo, desde la perspectiva individual, en los diferentes grupos, equipos y organizaciones.

Particularmente, me interesan los modos de organización del trabajo que nos deja la pandemia y el impacto en la subjetividad, que no solamente comprenden el ámbito laboral, sino que pretendo abarcar al sujeto de modo holístico.

Procuro analizar, desde la perspectiva psicológica, lo que les pasa a las personas en los contextos laborales, es decir, qué sienten, qué piensan y qué hacen en la situación de trabajo. Propongo una mirada hacia un mundo que está atravesado por los fuertes cambios y transformaciones que impactan en la actividad laboral, en las relaciones interpersonales, en la de las organizaciones y en la de la sociedad toda, que ha sido alcanzada por la pandemia.

Los temas sobre los cuales trabajo pasaron a ser motivo de debate. Tanto en el ámbito público como en el privado, las consultas sobre el balance entre el trabajo y la vida personal fueron creciendo al ritmo de la diseminación del virus global. El impacto psicológico de la pandemia es el tema sobre el cual debatimos en grupos de WhatsApp de colegas, en encuentros por Zoom y en los medios de comunicación.

La pandemia 2020-2021 resultó ser un catalizador de prácticas y sucesos que ya estaban latentes y que en buena parte llegaron para quedarse. Algunas de estas modificaciones son positivas para los seres humanos, pero las hay profundamente dolorosas y otras incluyen una combinación de ambas situaciones.

Esta crisis provocó que el ámbito de las relaciones personales fuera atravesado durante 2020-2021 por una dependencia de lo tecnológico como nunca antes. En el mundo del trabajo, esto ocurrió de una manera meteórica y abrumadora. Me acuerdo de que cuando trabajaba con una gran empresa multinacional, uno de los comportamientos asociados a la efectividad era "hacerlo bien la primera vez", es decir, saltar sin red y no fallar. Entre la espada y la pared y, como suele decir un intrépido paciente mío, siempre la espada.

Al mismo tiempo, se produjo en el mundo una grieta. Apareció una clara diferencia entre dos tipos de trabajadores: los "esenciales" y los "remotos". Esto también fue desconcertante, los nombres marcan y nos dimos cuenta de que los esenciales podrían no pertenecer a las profesiones más "marketineras", pero sí los enfermeros, los camilleros, los operarios, los médicos, el personal de limpieza, etcétera.

También están los que no pudieron seguir, como los actores, la industria del turismo, los restaurantes, los animadores de fiestas. Algunos se reinventaron fabricando barbijos, entregando frutas y verduras a domicilio... Podría hacer un libro solo con estos relatos que admiro, como dice el cantante argentino Andrés Ciro Martínez: "Me gusta tu historia de resurrección".

La pandemia acrecentó la desigualdad entre los que más tienen y los que menos tienen. Entre los inmigrantes tecnológicos y los nativos tecnológicos. Entre las geografías con conexión y aquellas sin conexión a Internet.

A la vez, surgieron nuevas dificultades que comenzaron a experimentarse con la implementación de nuevas herramientas tecnológicas que posibilitan el trabajo a distancia, fundamentalmente para quienes no habían empezado su transformación tecnológica y tuvieron que hacerlo a ritmo acelerado.

Así, la intimidad de nuestro hogar pasa a ser un escenario visible que antes no mostrábamos. Se abrieron aún más las puertas del "panóptico digital", término adoptado por Byung-Chul Han. Políticos que exponen su sexualidad, docentes que lamentablemente murieron frente a la cámara, robos observados en vivo y más, mucho más. Nuestra imagen está en exhibición, el contacto es lejano pero impactante. Sobre los **efectos del nuevo mundo del trabajo virtual** me ocuparé en la primera parte del libro.

En la segunda parte, veremos cómo esta nueva modalidad ha modificado el **equilibrio entre la vida personal y la vida laboral**, cómo ha impactado en padres, docentes e instituciones educativas; cómo la emocionalidad se ha puesto en juego en el período 2020-2021, dejando marcas que durarán por mucho tiempo y afectarán nuestra cotidianidad, aun cuando el virus haya sido derrotado por la ciencia. Quizás aparezca otro virus y, en ese caso, volveremos a bailar a su ritmo.

Existe, entonces, una consolidación de lo tecnológico en el mundo del trabajo, así como una conmoción en los límites entre el mundo íntimo, el familiar y el laboral.

Todo esto luego de una pandemia, una crisis que modificó la noción de normalidad previa al coronavirus y que tendrá consecuencias posteriores. La denominada "nueva normalidad" es analizada en el tercer capítulo. Y eso incluye una nueva concepción sobre la vida, sobre el trabajo y hasta sobre las vacaciones, ese tiempo de descanso que tanto se anhela pero que también está siendo modificado.

En general, estos temas se mencionan en relación con las empresas. Pero hay miles de personas que trabajan para pequeñas y medianas empresas, para instituciones sociales y deportivas, para ONG y también para el Estado. En el cuarto capítulo se analizará cómo todos estos interrogantes se dan en el amplio —y muchas veces inexplorado— ámbito del Estado.

Los desafíos que estas nuevas modalidades presentan son abordados en el quinto capítulo, que se enfoca sobre la "motivación postraumática" de las organizaciones luego de atravesar la actual pandemia, así como en los nuevos "protocolos de liderazgo" recomendados para los líderes y sus equipos.

Finalmente, me inquietan las personas que se quedan sin trabajo. Ya los cambios tecnológicos, la automatización, generaban una conmoción en el mundo del empleo, que el Covid-19 ha radicalizado. Se examinará el impacto que esto genera y qué estrategias de reinserción laboral se pueden presentar. En ese último capítulo también se incluirá un análisis sobre la reconfiguración de la vida en las ciudades. Ambos temas están relacionados con estar o no dentro de una organización, de una empresa, de un centro urbano, o con trabajar más distanciado, más alejado. Quizás en forma intermitente, reinventando el lugar profesional propio y también el lugar físico en el cual esa actividad se desarrolla.

En mi caso, he podido "habitar" distintos lugares. En mi calidad de psicólogo fui considerado esencial, tuve sesiones caminando por los parques, en bares, di infinidad de clases por Zoom y Jitsi Meet, lideré cursos y realicé entrevistas por teléfono, WhatsApp y Skype. Pero fundamentalmente trabajando desde mi casa, navegando este mundo cada vez más híbrido, pudiendo moverme menos, parando la pelota —como decimos los futboleros—; pensando más algunas cosas, escribiendo. Así surgió este libro, a partir de algunas ideas. Espero que les sirva.

Introducción
de Ianina Echodas[2]

Cuando Diego me propuso que escribiera una introducción para este libro, lo primero que sentí fue una fuerte emoción y al instante un profundo desafío.

Emoción por su hermoso gesto de amor, una muestra más de su deseo de hacerme parte de este proyecto tan ansiado. Y, por eso, también, el profundo desafío de estar a la altura. Lo asumo con la intención de aportar una visión sobre la gestación de este libro y sobre su autor.

Hace más de veinte años que caminamos juntos, y si hay algo que lo caracteriza es su pasión. Esa fuerza interna que genera un empuje hacia un cierto objetivo que definimos motivación, la disposición de energía suficiente para mantener esa fuerza constante hasta lograrlo.

Y vaya que lo caracteriza ese empuje: años de dedicación, de estudio, de trabajo, de creación, de esfuerzo y la

---

2 Licenciada en Psicología (UBA). Se desempeña como psicóloga clínica y deportiva, siendo miembro del equipo de Psicología Deportiva del Centro Nacional de Alto Rendimiento Deportivo; es Jefa de Trabajos Prácticos de la materia Psicología Organizacional y Empresaria de la Universidad Maimónides, y codirectora de la consultora "Contenido Humano", concentrándose en capacitación y facilitación de procesos de aprendizaje en grupos, equipos y profesionales, en organizaciones públicas y privadas de la Argentina y de América Latina.

visualización de nuevas metas llevaron a Diego a soñar con castillos que fueron construidos uno a uno.

En este camino nos sorprende como a "todo el mundo" la pandemia y, como a todos, nos obliga a "parar la pelota", como le gusta decir —y leerán en el libro— a Diego. El mundo se detiene y junto con él las metas y los objetivos más cercanos.

El trabajo, el presente y el futuro laboral quedan suspendidos para algunas personas por minutos, por días o por meses, y están los que aún no se pudieron rearmar, como explica Diego en detalle, al profundizar en diferentes variables individuales y organizacionales que nos atravesaron y dispusieron diversas condiciones para el trabajo.

Una vez más, en medio de las más variadas invitaciones a reinventarnos, Diego asume el desafío y pone "la pelota" en juego. Desde ya que se trata de otro juego, parecido seguramente al ya conocido, pero distinto.

Desde marzo de 2020 lo vi investigar, leer, preguntar, estudiar, debatir y aportar para entender esta nueva realidad. Como muchos, pudo adaptarse en su rol de docente, de analista y de consultor. Y en ese transcurrir reencontró su esencia: esa pasión que le hace concebir nuevas metas. Entonces, como producto de esta forma de atravesar la pandemia, con la mirada en lo que viene y a la vez como un generoso legado, comenzó a gestar este libro.

La realidad pandémica nos sometió y nos somete a una extrema despersonalización (número de contagios, número de fallecidos, cantidad de vacunas, cuadros en las pantallas). En cada capítulo, Diego, desde un relato sostenido por la teoría, rescata la subjetividad de las personas en situación de trabajo.

En *Mundo post Covid. La Psicología del trabajo tras la pandemia*, encontrarán un necesario recorrido y un análisis de los avatares y aprendizajes construidos en esta etapa, estrategias para afrontar el presente y el futuro escenario, rescatando siempre el valor del "contenido humano" en las organizaciones.

1. 2021: Hacer zoom en la post pandemia

Quiero un zoom anatómico, quiero el fin del secreto.
(SODA STEREO, *Zoom*)

Fuimos atravesando —y fuimos atravesados por— la pandemia. Mucho de lo vivido, sufrido, aprendido en el "inolvidable" período 2020-2021 reconfigurará el futuro cercano y aun más allá.

La pandemia del coronavirus o Covid-19 fue registrada el 31 de diciembre de 2019 por la OMS (Organización Mundial de la Salud) en China como epidemia regional, y casi inmediatamente se trasladó a máxima velocidad por todo el planeta.

La Argentina, por ejemplo, decretó una cuarentena total el 20 de marzo de 2020, prohibiendo actividades que no fueran relacionadas con la salud o esenciales, limitando la circulación, como en la mayoría de los países del mundo.

Un año más tarde, en marzo de 2021, el Covid-19 continuó extendiéndose y ya ha infectado aproximadamente a ciento dieciocho millones de personas, ocasionando tres millones de decesos. Ha habido, además, noventa y dos millones de personas recuperadas. Pero el mundo ya empezaba a aplicar las vacunas.

Esto da cuenta del impacto del virus a nivel global, que deviene de la movilidad de la humanidad. Se sabe, luego de mucho aprendizaje sobre la marcha, cuáles son los cuidados para prevenir la infección y no contagiarse, pero aún no se conoce cuánto tiempo sobrevivirá el virus, ni la potencialidad de daños que dejará en el mundo. Sí se sabe —y de esto no hay duda— que las secuelas durarán años. Se trata de una crisis desconocida, de la que no tenemos registro, y que la sociología reconoce como un hecho social total, que afecta todos los aspectos de nuestras vidas. Sin embargo, de un modo particular, provocó un fuerte impacto en el aspecto del trabajo.

Como define mi amigo y colega Claudio Alonzo, "el trabajo es un fenómeno multidimensional que se despliega en entornos complejos". Podemos arriesgar, sin temor a equivocarnos, que durante la pandemia del coronavirus se produce el contexto más complejo que haya impactado al trabajo en los últimos cien años en un nivel global.

Cuando hablamos de trabajo nos referimos al que se desarrolla en sistemas organizacionales, pero también fuera de ellos, y —como sostiene Alonzo— se trata de pensar el trabajo desde la perspectiva de la salud, poniendo en relieve la dimensión psicológica del trabajo. A partir del contexto mencionado, aparecen nuevos modos de organización del trabajo y debemos enfocarnos en el impacto de estas transformaciones sobre la producción de la subjetividad.

El trabajo es una de las actividades humanas centrales; estructura la vida de las personas, ya que organiza desde nuestra rutina hasta nuestros ciclos vitales, y posibilita, desde la perspectiva freudiana, la sublimación. El trabajo favorece el desarrollo social e individual y es potencialmente una fuente de autoestima, generador de realización personal.

Sabemos que el trabajo nos posibilita construir nuestra identidad fundamentalmente a través de los otros —ya que siempre el trabajo es colectivo— y del reconocimiento que obtenemos en lo que hacemos. Dependiendo de la movilización subjetiva, en el trabajo se pondrá en juego nuestra salud emocional a partir de la posibilidad de crear y de modificar la realidad, apropiándonos de nuestros actos de un modo activo y crítico. Nuestra salud psíquica en el trabajo se encuentra vinculada con la posibilidad de modificar la realidad que nos rodea y con las acciones que realizamos. El trabajo —desde nuestra perspectiva— excede a la mera obtención del dinero. Es una actividad que nos transforma mientras transformamos la realidad sobre la que operamos, y, en ese sentido, es una fuente de satisfacción.

Sabemos también que el trabajo es fuente de malestar. En palabras de Sigmund Freud, "Ninguna otra técnica de conducción de la vida liga al individuo tan firmemente a la realidad como la insistencia en el trabajo, que al menos lo inserta en forma segura en un fragmento de la realidad, a saber, la comunidad humana. La posibilidad de desplazar sobre el trabajo profesional, y sobre los vínculos humanos que con él se enlazan, una considerable medida de los componentes libidinosos, narcisistas, agresivos y hasta eróticos, le confiere un valor que no le va en zaga a su carácter indispensable para afianzar y justificar la vida en sociedad. La actividad profesional brinda una satisfacción particular cuando ha sido elegida libremente, o sea, cuando permite volver utilizables mediante sublimación inclinaciones existentes, mociones pulsionales proseguidas o reforzadas constitucionalmente. No obstante, el trabajo es poco apreciado, como vía hacia la felicidad por los seres humanos. Uno no se esfuerza hacia él como hacia las otras posibilidades de satisfacción. La gran mayoría de los seres humanos solo trabajan forzados a ello, y de esta natural aversión de los hombres al trabajo derivan los más difíciles problemas sociales".

La pandemia fue un acelerador de circunstancias que estaban latentes y que por el contexto debieron ser aceleradas. Deja tras de sí nuevos modos de organización del trabajo que llegaron para quedarse y que analizaremos a lo largo de este libro.

Durante la pandemia, aquello que el trabajo ha atravesado en su acelerada y forzada adaptación, dentro y fuera de las organizaciones, no fue "el gran año del teletrabajo". O no exactamente aquel paraíso que la promesa del *home office* parecía incluir. Sucede que el salto de las oficinas a las casas se dio empujado por una crisis, y en medio de la pandemia nosotros tratamos de desarrollar nuestros trabajos lo mejor que pudimos, en un contexto donde también hubo angustia e incertidumbre.

En general, nuestras tareas no estaban pensadas para ser desarrolladas en soledad y en el hogar. Según un informe de abril de 2020 de CIPPEC[3], solo un tercio de los trabajos tienen potencial de ser desarrollados desde el hogar. Esa cifra se reduce a un cuarto de los trabajos si se analizan los hogares preparados con la infraestructura necesaria para teletrabajo.

Nuestras casas no estaban preparadas como escenarios de un *home office* prolongado: rápidamente tuvimos que generar espacios a fuerza de creatividad, con conexiones que a veces fallan y generan culpa y estrés, exhibiendo nuestra intimidad y, en algunos casos, además, siendo casi maestros de nuestros hijos en casa, debido al cierre de las clases presenciales.

Y al mismo tiempo aparece públicamente una nueva "entidad" de trabajadores: los "esenciales". Los que no pudieron hacer teletrabajo, los que estaban autorizados a salir de sus casas para atender a los enfermos, para velar por la seguridad de los países, de sus bienes y de las personas.

Los autorizados a salir para producir alimentos, energías, transportar bienes, es decir, aquellas personas que

---

3 "Evaluando las oportunidades y los límites del teletrabajo en Argentina en tiempos del Covid-19". Ramiro Albrieu, abril de 2020, CIPPEC (Centro de Implementación de Políticas Públicas para la Equidad y el Crecimiento).

fueron imprescindibles para enfrentar la pandemia y cuyas tareas fueron vitales para toda la sociedad, en buena parte de los países no recibieron el reconocimiento ni la paga acordes con esa tarea que la pandemia reveló como vital, esencial.

¿Volverán luego de terminada la pandemia a ser no tan esenciales, a dejar de oír aplausos y de obtener reconocimientos? ¿Habrá algún aprendizaje que nos permita como comunidad no olvidarnos de lo que consideramos esencial cuando la salud de todos se vio amenazada? En este sentido no soy optimista; basta recordar cómo, al poco tiempo del curso de la pandemia, se dejaron de escuchar los aplausos a los médicos y demás agentes de la salud.

La post pandemia nos permitirá, sin duda, valorar la salud, pero desde una mirada individual o individualista; no se trata de la preocupación por la salud pública y, en esta línea, el enorme trabajo y el esfuerzo de los que fueron esenciales en pandemia serán lamentablemente desconocidos u olvidados.

La post pandemia nos dejará algunas incertidumbres y nuevas certezas para mirar al futuro. Pero lo cierto es que el coronavirus no trajo todos nuestros padecimientos.

Recordemos que antes de la pandemia también había dificultades. No veníamos de un panorama maravilloso, ni de un mundo de trabajo con satisfacciones y crecimiento garantizado.

Muy lejos de eso, el mundo pre pandemia, que hoy quizás añoramos, ya venía convulsionado, con crisis diversas, inestabilidad y desafíos crecientes. Se ha hablado del mundo VICA y el universo RUPT, para intentar resumir en una palabra un diagnóstico sobre el cambio global. El mundo Volátil, Incierto, Complejo y Ambiguo (VICA), sintetiza una sensación que se ha padecido aún más en época de pandemia.

El inicio del mundo VICA es posterior al afianzamiento de la globalización. Diversos autores sostienen que la sigla se empezó a utilizar a partir de los atentados a las torres gemelas del 11 de septiembre de 2001. El mundo VICA se puede definir de la siguiente manera:

- Volátil, en tanto inesperado, inestable y de duración desconocida.
- Incierto, porque podemos conocer las causas y los efectos, pero no la resolución. En este caso, es posible orientarse al cambio pero no a sus resultados.
- Complejo, con infinidad de variables y conexiones. Si bien hay información disponible, la cantidad de esa información y las conexiones posibles lo vuelve abrumador.
- Ambiguo, porque las relaciones entre causa y efecto no son claras y no hay antecedentes.

Después del VICA apareció de otro neologismo, el RUPT (por sus componentes en inglés, Rapid, Unpredictable, Paradoxical y Tangled) o, en español, Rápido, Impredecible, Paradójico y Entrelazado; por eso también se lo encuentra como RIPE.

Hacia finales de 2020, se fue ajustando el diagnóstico, nuevamente en busca de poder pensar y generar los nuevos interrogantes frente al mundo. Entonces se sumó BANI (Bien frágil/quebradizo, Ansioso, No Lineal, Incomprensible).

La crisis del mundo pre pandemia hizo eclosión con el Covid-19, y muchos autores, periodistas y comunicadores de diversos medios tomaron a toda velocidad estas siglas, como herramientas de urgencia para explicar en forma resumida lo que se estaba viviendo en simultáneo en todo el mundo.

Este recorrido nos permite ver que se fueron ajustando los neologismos para conseguir precisión y, a medida que se iba haciendo ese ajuste, se hablaba de una situación cada vez más impredecible y desorientadora.

Resulta claro que la pandemia en sí ha resultado un catalizador de la transformación digital, de la automatización de procesos, y, al mismo tiempo, un acelerador del "sujeto de rendimiento", así como un interrogante profundo sobre nuestros hábitos, nuestras formas de vivir y también de convivir.

Más adelante, se profundizarán ciertos conceptos, luego de recorrer algunos ejemplos que nos ayudarán a analizar la situación desde una perspectiva concreta sobre cómo se han adaptado las personas y las organizaciones.

1.1 2021: Ya no hay dónde esconderse

Como consultor de empresas me ha tocado conversar con los responsables de recursos humanos y líderes de empresas. Alguna vez el tema en cuestión fue el ausentismo por enfermedad. "Fijate en este panorama" —me dijo un viernes por la tarde en un frío invierno en Buenos Aires un gerente de Recursos Humanos de una multinacional de consultoría señalando sus oficinas con miles de empleados. "El desafío es que todos estos chicos el lunes a las 9 de la mañana estén acá de vuelta" —afirmó con una sonrisa pero con algo de preocupación—. Y seguimos hablando sobre la cultura de la empresa, sobre "tener la camiseta puesta" y el compromiso. Además, también sobre temas más superficiales pero igual de reales, como las lesiones de quienes hacen deportes los fines de semana, o la diversión y las salidas.

Hablamos luego del clima laboral de la empresa y también nuevamente de anécdotas como aquel clásico llamado de lunes a las 8 de alguien que con voz ronca decía que se sentía mal y que no iba a ir a la oficina. O del esguinzado en alguna actividad deportiva durante el fin de semana.

Aquellas interesantes conversaciones e intercambio de experiencias han quedado probablemente desdibujadas.

En 2021 la llamada del lunes diciendo "me esguincé el tobillo y no puedo ir a la oficina" ha quedado rápidamente desactualizado. Hoy ya es una expresión del pasado.

Una vez que los equipos se han adaptado rápidamente a trabajar en forma remota, esa llamada es innecesaria. O quizás, si esa persona justamente ese día iba a viajar para trabajar en forma presencial en la oficina, cambie su esquema y trabaje desde su casa hasta que pueda volver a caminar. Y aun así, quizás siga trabajando desde su casa. Para los trabajadores, esto podría acarrear un temor al control por parte de la empresa, y un pensamiento interno: "No tengo dónde esconderme".

Es en este sentido que el límite entre el control y la autonomía es un nuevo punto de debate.

En pandemia, y con el empuje "furioso" hacia el teletrabajo, surgieron una gran cantidad de productos informáticos que miden y controlan la productividad, a través del seguimiento del tiempo en pantalla, la cantidad de horas de conexión, qué es lo que se hizo y lo que no se hizo, lo que incrementa el panóptico digital organizacional. El control a través de esta tecnología es como tener una cámara en tu propio hogar. ¿Están vulnerando el derecho a la privacidad y a la intimidad? ¿Está avisado el colaborador de este sistema instalado, de la medición de rendimiento? Seguramente, aún no hay legislación al respecto y, como suelen decir algunos abogados, "lo que no está prohibido está permitido". Desde lo legal... pero, ¿desde lo ético?

En cambio, otras organizaciones se ocuparon de empoderar, de delegar, de promover trabajar por resultados. En este sentido, ¿qué es lo que las empresas buscan? ¿Autonomía o control?

Buscar autonomía y control al mismo tiempo es una paradoja, lo mismo que trabajar por resultados y por cantidad de horas. ¿Las empresas pagan por horas o por logros? Gilles Deleuze sostiene que las sociedades disciplinarias dejaron lugar a las sociedades de control. De la tríada *disciplina, vigilancia* y *castigo* de la sociedad disciplinaria, se da paso, en una sociedad de control, a la tríada *control, monitoreo* y *regulación*, donde el control está internalizado, instalado en cada uno de nosotros. ¿Es necesario sumar más control?

El problema del trabajo flexible justamente suele ser el exceso de trabajo. "Es cierto que puedo no ir a trabajar un miércoles —dice una de las personas a las cuales asesoro—, pero también trabajo los fines de semana y hasta en mis vacaciones". Agregar más control externo al fuerte control interno, ¿es saludable para la persona?, ¿es saludable para la organización?

Como planteaba Elliott Jaques, es deseable encontrar un equilibrio saludable, con organizaciones que generen confianza, para beneficiar el desarrollo de los colaboradores, y no, en cambio, organizaciones generadoras de paranoia (o paranoigénicas) que se convierten en lugares de trabajo alienantes, de los cuales uno suele querer irse en la primera oportunidad que encuentre.

Al mismo tiempo, como sabemos a la luz de lo que ocurre en la pandemia, el cuidado de la salud y el acompañamiento que la empresa haga del bienestar de sus colaboradores serán cada vez más importantes, porque ahí radicará el involucramiento y el compromiso, que son impulsores de resultados, de buen clima laboral, de efectividad y de aprendizaje. Además, le dan sustentabilidad a la organización.

1.2 2021: La dinámica de la nueva oficina

¿Mueren las oficinas? No, se reinventan.

Crece el componente tecnológico en las oficinas, que serán cada vez más reducidas y esparcidas, alejadas del centro. Pasarán a ser espacios de reuniones, diseminados en las ciudades, y ya las grandes instalaciones, que hasta hace muy poco daba tanto orgullo inaugurar, quedarán para las organizaciones más tradicionales.

En algunos casos hay tareas que no se pueden hacer desde otro país. Una argentina, gerenta de un banco suizo que trabaja en la ciudad de Zurich, me comentaba que por regulaciones relacionadas con el secreto bancario no le permitían trabajar a distancia si eso implicaba salir del país. Aunque quiso, no pudo pasar el largo tiempo del *home office* trabajando desde Argentina.

Si bien no morirá del todo, sí, ciertamente, va a peligrar la subsistencia de todo un ecosistema alrededor de los sectores de oficinas. Por ejemplo, los llamados "microcentro" de Buenos Aires, de Bogotá, de Lima, ofrecen un panorama de grandes edificios semivacíos y algunos comercios que brindaban servicios. Actualmente, se pueden ver carteles de venta o de alquiler.

Los nuevos diseños de oficinas incluyen boxes personalizados con, en promedio, dos pantallas de frente y una a cada costado del personal, combinando pantallas para trabajar y pantallas para monitorear; cámaras ubicadas, por ejemplo, en la casa del trabajador.

A la inversa del *home office*, el espacio se usa, entonces, para intercambiar cara a cara con algunos colaboradores presentes y con otros en forma remota, pero también para "teletrabajar en tareas domésticas" o, al menos, monitorearlas.

Ya no se trata, entonces, de las oficinas con el nombre de la persona, en tamaño mayor según su prestigio, sino que el índice de prestigio o de poder de la persona y de la empresa se va a manifestar en la infraestructura tecnológica puesta a disposición, en forma personalizada, para cada colaborador, así como la posibilidad de disponer, a su manera, de su tiempo y de su lugar de trabajo en la empresa. La cantidad de oficinas y boxes personales baja, y los espacios de colaboración, si aprendimos la lección, deben aumentar.

1.3 Nuevos trabajos "desde el exterior" y nuevos controles de "ingreso"

Vemos así que las nuevas oficinas deberán estar preparadas para el teletrabajo, para ser híbridas, para reuniones con colaboradores, con algunos presentes y otros por *streaming*, para ser un espacio colaborativo y de cooperación con pares, dando al mismo tiempo la posibilidad de monitorear el hogar. Contarán con diseños flexibles para esquemas variables.

Por ejemplo, junto con una empresa a la que asesoro, decidimos, en marzo de 2021, implementar un plan flexible para reuniones en las oficinas, según el cual los colaboradores que tienen hijos irían dos veces por semana a la oficina, desde media mañana hasta media tarde. Y quienes no tienen hijos irían tres veces por semana, comenzando en un horario más temprano que en la pre pandemia.

Esta decisión fue producto de los aprendizajes aprehendidos durante el confinamiento y la adaptación a la vida personal de cada integrante del equipo. Los padres y las madres se desconectan un poco de las obligaciones familiares cuando los hijos se ocupan de sus obligaciones escolares. Aquellos sin hijos pueden trabajar mejor en los horarios con menor saturación de consumo de Internet y tienen la tarde libre para interactuar con amigos.

En este contexto, algunos han planteado deseos de trabajar desde localidades más alejadas de los centros urbanos y esto se ha dado no solo en América Latina. Muchos de ellos manifestaban planes de mudanza concretos (por supuesto, dependiendo de la conectividad, de la escolaridad y del nivel de atención de salud). Y en principio, este deseo no ha sido descartado por la empresa.

Al mismo tiempo, el empleado de seguridad, que antes controlaba las mochilas, ahora va a focalizar su tarea en controlar la temperatura y el pasaporte sanitario.

Entre otras novedades y adaptaciones, se observa que, incluso quienes planean hacer viajes más largos o vivir en otro país, pueden plantear su caso y seguir trabajando para la empresa desde el exterior. "Si durante un año no vine y pude trabajar… quiero probar vivir un año en España, donde tengo familia y casa asegurada" —fue uno de los planteos concretos—. Y muy probablemente ese caso se concrete, también con la flexibilidad de evaluar qué ha sucedido luego de ese año y si es necesario replantear la relación.

Además, la probable post pandemia ya está mostrando que algunas empresas dejan de tener grandes oficinas y pasan a ofrecer a sus empleados la posibilidad de ir a algunas de las diversas sedes de *coworking* esparcidas a lo largo de la ciudad, del país o del continente. Esto dependerá de la flexibilidad de la empresa.

Cuantas menos limitaciones de territorio haya, más atractivas se van a volver las organizaciones de trabajo, fundamentalmente para las nuevas generaciones, que tienen características más nómadas y que consideran al mundo como su lugar de pertenencia, que no se reduce solo a un país.

Antes, las empresas dedicadas al *coworking* ofrecían mayormente los servicios de oficinas temporarias, ágiles y modernas, a trabajadores independientes. Hacia la post pandemia, se suman las empresas que ofrecen estos espacios a sus propios empleados, para facilitar una modalidad descentralizada y flexible.

Incluso está asomando un paso más avanzado aún: el *coliving*,car el cr espacios rentados en viviendas de todo tipo y color (tipo campus, casa de campo, edificio, casa gigante), que ofrecen alquiler de instalaciones para vivir temporariamente y trabajar. También lo que se impone aquí es la idea de flexibilidad. Si quiero, puedo elegir ir a vivir y trabajar unos meses a un lugar geográfico que me resulte más atractivo y luego retornar, o ir a otro espacio, garantizando mi trabajo, ya que puedo realizarlo desde cualquier lugar.

La post pandemia encuentra en el *coworking* y en el *coliving* modos ágiles de ofrecer más flexibilidad.

Las fronteras entre el interior y el exterior han quedado sacudidas por una nueva idea: la de "ser alguien" y desempeñar una función, en virtud del lugar que se ocupe en el equipo, más allá del lugar físico en el que se encuentre.

Claro que en este sentido se acrecientan las diferencias, generadas durante la pandemia, entre los que debían asistir sí o sí a su lugar de trabajo y los que pudieron pasar rápidamente al teletrabajo, que —por qué no decirlo— son los más beneficiados por el impacto y las consecuencias que va a dejar la pandemia, por el tipo de tarea que desarrollan.

1.4 Hacer un nuevo zoom a nuestra intimidad

Antes de la pandemia uno invitaba a su casa a quien quería. Ahora también.

Pero incluso hablando solo de compañeros de trabajo, uno invitaba a quien quería cuando quería, para alguna ocasión especial.

De ahora en más, para los que hacen teletrabajo o para aquellos con trabajos híbridos, la actividad cotidiana implica participar en reuniones mediante una conexión virtual desde la cual nos comunicamos exhibiendo una parte de nuestra intimidad. Todos los que participan de esa reunión verán un fragmento de nuestro hogar y, quizás, como se ha visto y popularizado en videos viralizados en todo el mundo, verán también la aparición repentina de algún integrante de la familia cruzándose en la imagen. Niños en brazos en reuniones de ventas, algún pariente pasando, primeras reuniones en el baño sin haber apagado a tiempo la cámara, diputados que tienen encuentros eróticos con sus amantes; mascotas, etcétera.

El panóptico —aquella teoría popularizada por Michel Foucault, pero desarrollada inicialmente por Jeremy Bentham al describir una arquitectura de las cárceles que permitía el monitoreo visual de los presos—, parece haber ingresado al mundo de las relaciones del trabajo mediante la masificación de las videoconferencias.

Sin que eso implique una relación de sometimiento como la del panóptico carcelario (¿o sí?), la tecnología y las redes sociales han ampliado el alcance de los dispositivos que permiten un monitoreo de la actividad de los otros.

Sin embargo, la novedad mayor es que este monitoreo ya no ocurre solo desde el jefe hacia los integrantes del equipo. No es solo de quien debe monitorear al resto sino que es de ida y vuelta. Los sistemas tecnológicos de monitoreo digital constante de los colaboradores han llegado para quedarse.

Un gerente de área de una empresa a la que asesoro me comentó que, en plena cuarentena estricta, en junio de 2020, él buscaba a su director para le diera respuestas, para que le aclarara ciertas cosas. "Yo soy respetuoso, le preguntaba si lo podía llamar y él me decía que no, que le mandara un audio porque estaba con muchas cosas y atrasado" —me explicaba en uno de nuestros encuentros de trabajo—. "Y cuando entro a su estado de WhatsApp lo que veo es que está vendiendo sushi desde la casa. No entiendo... tiene tiempo para vender sushi desde su cuenta de Instagram y promocionarlo en su estado de WhatsApp pero no para atenderme a mí" —me comentaba preocupado.

Esto nos habla claramente del nuevo liderazgo en épocas de transparencia producto de la exposición digital, es decir, el panóptico es digital y plantea nuevos desafíos al liderazgo, que la pandemia generó en una erupción casi volcánica.

La ventana de Johari, un clásico desarrollado por Joseph Luft y Harrington Ingam, se pone en juego de un modo vital en tiempos de crisis.

Hay cosas que los otros saben de mí y cosas que yo sé de mí; esa es mi área pública o abierta. Hay cosas que los otros no saben de mí y cosas que yo sé de mí, esa es la parte que yo he decidido ocultar, la parte de mi intimidad.

Además, existe lo que otros saben de mí y yo no sé de mí. Una de estas cuestiones, por ejemplo, tiene que ver con mi liderazgo. Tal vez yo esté generando miedo en los otros, mientras creo que genero confianza. Entonces estoy ciego. Eso no lo conozco.

Hay cosas que los otros no saben de mí y cosas que yo no sé de mí; esa es la parte más inconsciente.

Algunas personas tienen la ventana oculta muy amplia. Son esas personas llamadas "candados", porque los tenés que abrir con una llave especial, casi con una ganzúa.

Otras son muy poco conscientes de sí mismas y tienen una ventana ciega muy amplia. Otras, incluso, son más extrovertidas y tienen la ventana pública un poquito más abierta.

Al mismo tiempo, la virtualidad nos expone más. Es decir, por un lado hay aspectos concretos de nuestra vida que antes no eran conocidos pero que, merced a la conexión virtual, quedan al descubierto y, por otro lado, temas "virtualmente" ocultos en la relación entre los líderes y su equipo empiezan a surgir si se logra ese acercamiento real, si existe *feedback* de ida y vuelta, y si es sincero. Como ampliaremos, hay una relación entre *high tech* y *high touch*.

Cuando hablamos de habilidades "blandas" en relación con el liderazgo, esta es indudablemente la primera de ellas que nos evidencia la pandemia, es decir, la necesidad de contar con un liderazgo consciente: consciente del impacto que provoca el liderazgo en los otros, consciente de las necesidades de los diferentes *stakeholders*, y consciente de sus propias necesidades, sus fortalezas y oportunidades de mejora, como sugiere el dicho: "primero se empieza por ordenar nuestra casa".

1.5 La reinserción de los resilientes

> *Somos de los pocos locos que andan buscando placer*
> *y aunque quieran vernos rotos, no damos brazo a torcer.*
> (WOS, *Canguro*)

Existen algunas personas que lograron reinventarse, mantenerse a flote, no hundirse demasiado en el pantano de la pandemia y sus efectos sobre la actividad económica. Otras, en cambio, han resultado directamente damnificadas. De una manera u otra, todos perdimos.

¿Es posible achicar la pérdida? ¿Es posible reducir daños? Sí, pero primero esto implica asumir la pérdida, y luego exige el esfuerzo del diagnóstico y la reinvención.

Entre la variedad de opciones para reinventarse hemos visto esfuerzos por intentar emprender, crear, comenzar a hacer algo nuevo por propia iniciativa, asociarse con otros. O, si se hubiera perdido el empleo, empeño en buscar uno nuevo, con las capacitaciones y reaprendizajes necesarios.

También hay "ganadores" en la pandemia. Por ejemplo, surgieron emprendimientos familiares y personales de venta mediante herramientas digitales y redes sociales. O, en nuestra región, el gigantesco incremento de la empresa de comercio electrónico Mercado Libre. "Esta pandemia no cambió drásticamente la trayectoria de la empresa. Lo que hizo fue acelerarla. Nos puso en la curva de crecimiento tres o cuatro años adelante de lo que hubiésemos estado sin la pandemia" —dice el argentino Marcos Galperín al diario español *El País*, para explicar el crecimiento de la empresa que la ha posicionado como la más valiosa en América Latina según su cotización en la bolsa[4].

Si bien hay ganadores, hay progresos aun sin tener datos certeros —en medio de un proceso cuyo saldo final todavía no se conoce—, pero luego de haber conversado con diferentes empresas, equipos de trabajo y colegas profesores, la sensación es que habrá más perdedores que ganadores.

Al mismo tiempo, en general, tienen más exhibición los casos de éxito, es decir, se cuentan las historias de los ganadores. Como dice la canción, "Si la historia la escriben los que ganan, eso quiere decir que hay otra historia".

El triunfador es una historia, un caso de éxito. El perdedor es un número.

Ahora bien, quiero advertir sobre un riesgo. El afectado puede sentir que el problema está en él y no se rebela frente a la sociedad sino que se rebela contra sí mismo..., se autoacusa.

---

4 https://elpais.com/mexico/economia/2020-12-05/marcos-galperin-la-pandemia-nos-convirtio-en-un-bien-esencial.html

Desde el punto de vista técnico, hay dos conceptos que se vinculan con las necesidades de desarrollo post pandemia. Se trata del *upskilling* y del *reskilling*, a saber:

- El *upskilling* implica ampliar las habilidades para evolucionar en nuestro trabajo actual, dentro de la misma posición que ocupamos. Por ejemplo, si soy un asador que maneja la cocción de carnes en un restaurante, y durante la pandemia la persona encargada de preparar ensaladas no puede trabajar por ser personal de riesgo. *Upskilling*, cuando adquiero las competencias necesarias para preparar las ensaladas, lo que incluye sugerir cantidades para comprar, almacenar los productos, decidir cuántas elaborar, cómo y cuándo condimentar, evitar cocinar de más; es decir, lo mismo que ya hago como asador pero extendido a un rubro cercano que me permite crecer y ampliar mis tareas.

Pero pensemos que durante la pandemia al restaurante le fue muy bien, que hay muchos pedidos de envío a domicilio y van a abrir otro local en la zona para seguir abasteciendo a los vecinos que siguen sin salir tanto de sus casas. Al menos, no tanto como antes de la pandemia.

> *Entonces, como vieron que logré ocuparme de la parrilla y las ensaladas y que pude hacer ese* upskilling, *ahora me proponen que vaya al nuevo local como encargado. "Vas a manejar el nuevo local", me dice el dueño, sonriente. Yo, entonces, aunque contento, tiemblo.*

- En ese caso tengo que hacer un *reskilling*. Es decir, adquirir nuevos conocimientos, desarrollar capacidades para una nueva posición. Por supuesto que esto implica la necesidad de recibir ayuda, orientación para las nuevas tareas que incluirán habilidades en negociación con proveedores, liderazgo de equipos, organización eficiente del tiempo y de los recursos disponibles.

No es solo cocinar, es lograr que los empleados trabajen bien, que los clientes queden satisfechos y quieran pedir más, que los proveedores cumplan, y todos estos rubros tienen tanto áreas posibles de fricción y riesgos de crisis, como posibilidades de mejoras que implicarán crecimiento del negocio.

Este ejemplo simple puede trasladarse a casos mucho más complejos. Usted, lector, sabrá hacerlo de acuerdo con el área de su competencia.

Lo importante en ambos casos es la perspectiva psicológica. Tanto el *upskilling* como el *reskilling* requieren del deseo subjetivo de la persona por adquirir nuevas habilidades y competencias, pero a su vez un entorno favorecedor de esas posibilidades de desarrollo.

Si bien la pandemia nos ha afectado a todos, algunos tendrán que reinsertarse en el mundo post pandemia y algunos necesitarán acudir a su capacidad de resiliencia. Me refiero a este término que surge de la física en relación con la resistencia de los materiales, así como con su capacidad de recuperación al ser sometidos a diferentes presiones y fuerzas. Es decir, se trata de un concepto traspasado de la física a la psicología. Es la capacidad o habilidad para afrontar de un modo adecuadamente saludable las situaciones críticas de nuestras vidas, que abundaron en pandemia.

No se trata de ser invulnerables a las situaciones adversas que nos toca vivir, me refiero a la resiliencia desde una perspectiva psicodinámica, en que las personas se adaptan activamente y se recuperan de las adversidades, fortalecidas. En gran medida, se puede vincular con el reposicionamiento subjetivo (Umerez, Osvaldo, 1999) que plantea el psicoanálisis para superar las adversidades, reinventarse y hasta salir más fuertes.

Creo que se puede también pensar en esto sin creer que únicamente le corresponde al individuo la tarea de reinventarse. Es un esfuerzo arduo para hacer en soledad y en medio de una pandemia con características sociales y globales. Esta es una gran oportunidad para las personas, para las organizaciones de trabajo y para el Estado en su conjunto.

Me viene a la memoria un maravilloso libro de Pierre Lemaitre, *Recursos Inhumanos*, que cuenta la dura historia de un gerente de RRHH, quien, fuera del sistema, al no poder insertarse en el mundo corporativo y atravesado por una depresión, se acusa a sí mismo por una sociedad de trabajo que no lo incluyó. La frase del libro que golpea es "Nunca antes mi edad me había dado tanto miedo".

Es por eso que la post pandemia nos traerá infinidad de casos como los planteados en la serie basada en la novela —*Recursos Inhumanos*— y no podremos, solamente, festejar y admirar las historias de los ganadores. La novela de Lemaitre, llevada a la pantalla en formato de serie, es en sí misma una historia de *reskilling*, protagonizada por el ex crack de fútbol Éric Cantona, que pudo, él mismo, reinventarse para convertirse en un actor.

¿De quién es el problema? ¿De quien no tiene las habilidades? ¿De la sociedad que cambió en forma vertiginosa? ¿De la poca capacidad de anticiparse a esos cambios o de adaptarse? ¿Un poco de todo?

Una respuesta posible la da Byung-Chul Han cuando critica a la sociedad occidental actual al decir que "no deja que surja resistencia alguna contra el sistema. En el régimen de explotación ajena era posible que los explotados se solidarizaran y juntos se alzaran contra el explotador. En el régimen neoliberal de la autoexplotación, uno dirige la agresión contra sí mismo. Esta autoagresividad no convierte al explotado en revolucionario, sino en depresivo".

Tanto las habilidades como el deseo de hacerlo, las capacidades y posibilidades de readaptación activa a un nuevo contexto más flexible, serán puntos clave para lograr la reinserción de los que sean resilientes. Que, como dijimos anteriormente, es imposible en soledad; se requiere comunidad, solidaridad, colaboración de los poderes públicos y privados para poder lograrlo, porque, como sabemos, #NADIESESALVASOLO.

1.6 La *happycracia* es una galletita devorada por la pandemia

Les propongo recordar una publicidad de galletitas en la cual las personas se preguntan unas a otras cómo están, y siempre la respuesta que se recibe es "todo bien". "Cómo estás?", "Todo bien". Y así todos, bien. Incluso una de las personas que tenía un brazo enyesado también contestaba "todo bien". Hasta que una chica en la oficina le pregunta a su compañero "¿Estás bien?" y él responde "Sí, todo bien... Bah... No, no estoy bien".

Entonces todos salen corriendo, horrorizados. La publicidad termina diciendo que "el mundo no está preparado para escuchar otra respuesta, mejor sentite bien".

Les acabo de relatar una publicidad real de galletitas[5] que se vio en la Argentina. Existe.

La ilusión corporativa de felicidad total y plenitud se empezó a resquebrajar. Salvo en aquellas organizaciones que no quisieron ver, en algunas que no se quisieron ocupar, o en algunas en las cuales lo productivo va por encima de las personas y su bienestar. Es decir, las que decidieron intentar seguir como si nada profundo pasara.

Esta *happycracia*[6] o dictadura de la felicidad que se sos-

---

5   https://www.youtube.com/watch?v=kaLexrqO2vo

6   https://www.academia.edu/39317368/Edgar_Cabanas_y_Eva_Illouz_Happycracia - http://profundamensuperficial.blogspot.com/2019/07/resea-de-happycracia-como-la-ciencia-y.html

tiene en muchas organizaciones del mundo del trabajo, en tiempo de pandemia recibió un (¿merecido?) golpe.

Sin dudas, el comportamiento organizacional a través de los líderes va a dejar una huella que perdurará en la memoria colectiva de la organización, para bien o para mal.

Suelo tener algunas conversaciones interesantes con gerentes de empresas, incluso en algunos casos fui su *coach* y hoy nos une una amistad. Recuerdo una conversación con Pablo, gerente de RRHH de un grupo empresario dedicado a la construcción, con quien solemos debatir algunos temas "picantes". Cuando publiqué un posteo sobre un programa de Liderazgo y gestión de equipos de trabajo que dirijo en la Universidad Di Tella, se dio el siguiente diálogo:

Pablo: "Ese es un temazo ¿Quién hizo funcionar a las empresas en pandemia?, ¿el jefe o el líder?"

Mi respuesta fue: "Ni uno ni otro. Las hicieron funcionar los equipos de trabajo".

"Sí, claro, coincido con vos, Diego. Pero a lo que voy es a que, desde hace mucho, las organizaciones tratan de tener jefes-líderes. Las que lo han logrado han pasado con menos raspones por la pandemia. Por supuesto, es para charlar un largo rato. Pero creo que definitivamente esta coyuntura sepultó a los jefes tradicionales" dijo Pablo.

Entonces le comenté que hay que tener en cuenta que los colaboradores de esos jefes-gerentes tradicionales, por lo que yo vi, quedaron muy dañados. Y que, con respecto a los equipos de trabajo, hay una corriente incesante de comunicación bajo la superficie. Los equipos no son estancos, nivelan información permanentemente, evalúan a los jefes y comentan sus prácticas.

Sin querer incomodar demasiado, agregué: "Siempre hay un grupo de WhatsApp en el que los gerentes no están... ".

Pablo. —Obviamente —contestó este experimentado gerente. Y agregó: —No solo sos el gerente de tu área, sos "la empresa". ¡Otro temazo!

—Yo creo que la pandemia va a significar un antes y un después en cada empresa y en cada colaborador. La cercanía o lejanía del gerente o el jefe, la empatía —dije, ya sabiendo que este diálogo luego pasaría al papel.

Pablo. —Claro. ¿Sabés qué pienso? Así como muchos padres se olvidan de lo que ha sido ser chicos, hay gerentes que se olvidan de lo que fue ser junior. Solo se alejan, y se quedan solos, al tiempo que abandonan a sus equipos. Las personas no van a perdonar eso —agregó.

Cerré la charla diciéndole que la experiencia de liderazgo durante la pandemia va a dejar una cicatriz por largo tiempo.

Este intercambio ilumina varias prácticas respecto de los desafíos actuales del liderazgo, pero hace foco fundamentalmente en el concepto de *people experience* o la experiencia del colaborador.

En las organizaciones —especialmente si se trata de ventas, marketing y atención al cliente—, lidiar con la experiencia de los clientes no es algo que sea novedad. Hacerse cargo de ellos es un proceso esencial de cualquier organización. Aquellas compañías que, por el contrario, no se preocupan por la experiencia de los clientes, generalmente son tomadas como organizaciones despreocupadas, y las personas simplemente tienden a buscar otros proveedores en el mercado. Pero, ¿qué sucede con la experiencia de los empleados que trabajan en las organizaciones?

La experiencia del colaborador, también mencionada PX —por la abreviatura de *people experience*— propone considerar la gestión desde la perspectiva de las personas y sus experiencias; desentrañar cómo perciben tanto el proceso de reclutamiento como los planes de carrera, el desarrollo y la capacitación. Es decir, su vínculo con la organización desde el inicio.

Hacer un seguimiento del recorrido que van teniendo las personas en la empresa nos permite documentar, mapear, y visualizar las interacciones entre la organización y los empleados, considerando sus percepciones, sus necesidades y sus respuestas emocionales. Esto se vincula con el *People Journey Map u hoja de ruta de los colaboradores*, que también nos muestra las distintas etapas por las que atraviesan los empleados dentro de la organización, para mejorar las vivencias que tienen en la empresa e intentar optimizar sus estados emocionales.

Detectar y analizar qué situaciones los frustran y los agobian, qué quieren lograr, el *backstage* de los procesos internos de la organización y sus consecuencias nos ayuda a tener más claridad y nos puede iluminar sobre las oportunidades de mejorar la experiencia de los colaboradores en cada uno de sus pasajes por la organización.

La experiencia del colaborador tiene su epicentro en los momentos de la verdad, que en el ámbito laboral no son frecuentes y se dan pocas veces en el vínculo laboral, pero que son determinantes. Un ejemplo de esto podría ser que un colaborador haya tenido un problema personal, justo cuando esperaba un reconocimiento o una recompensa por un trabajo bien hecho, sobre todo si tenía alguna gran expectativa respecto de la organización. Entonces se pone a prueba el vínculo mutuo.

La pandemia ha sido un gran "momento de la verdad" para la mayoría de los empleados de las diferentes organizaciones de trabajo. Es en este momento cuando se valora si la empresa estuvo o no a la altura de las expectativas y circunstancias que necesitan los colaboradores. A partir de este resultado queda un impacto emocional, negativo o positivo. Esos momentos son los episodios más relevantes para los empleados en su interacción con la empresa. Tanto los resultados positivos como los negativos dejan un buen o un mal recuerdo.

Esa marca emocional que dejan causa un gran impacto subjetivo en la valoración del trabajo, de la organización y de todo lo que se vincula con ella. Si el resultado es positivo, redundará en la satisfacción laboral, en la motivación y el sentimiento de pertenencia. Si el "momento de la verdad" es negativo, tendrá un fuerte impacto sobre el contrato psicológico del colaborador con la organización, y seguramente llevará a la persona a tomar decisiones sobre su compromiso y sus ganas de permanecer en ella.

Con el término "contrato psicológico" me refiero al conjunto de expectativas implícitas que operan a toda hora en las relaciones de trabajo. Se trata de un concepto desarrollado por varios autores, entre los cuales Schein, Argyris y Levinson destacan como los más importantes. El contrato psicológico es de doble vía, es decir, del trabajador para con la organización (la mayoría de las veces representada por el jefe directo) y entre la organización y el trabajador. Además de ser un contrato tácito, tiene la característica de ser dinámico, ya que cambia con el tiempo y podría ser modificado como respuesta, también, a los cambios del contexto. El contrato psicológico es vital respecto de la satisfacción en el trabajo, de la salud mental y de la integración de los colaboradores en la organización. Corre en paralelo con el contrato legal, aunque tiene mayor complejidad, ya que las expectativas implícitas que no se satisfacen no pueden ser resueltas a través de los canales legales, ni de las negociaciones laborales, y es por eso que muchas veces se producen "síntomas" debido a la insatisfacción, la ruptura o la violación del contrato psicológico. Una parte de las buenas prácticas de las "organizaciones de bien" es hacer un esfuerzo de explicitación de expectativas, para ajustar el contrato psicológico a las necesidades del vínculo persona-organización.

Todo el período 2020-2021 constituye un gran momento de la verdad, en el que se reconfigura el contrato psicológico. También conviven, por un lado, la puesta en crisis de la *happycracia,* en la que queda claro que no todo el mundo tiene que contestar todo el tiempo que está feliz y, por otra parte, es un momento en el cual las organizaciones han tenido que manejar la emocionalidad de sus empleados y de sus líderes.

Todo esto deja marcas y enseñanzas determinantes para el manejo futuro de la relación con respecto a la gestión humana de las organizaciones.

1.6.1 Psicovid: metapsicología de la pandemia

Freud utiliza el término "metapsicología" para desarrollar los aspectos más teóricos y conceptuales. Se trata de lo que se suele llamar, según Freud, la teoría psicológica general, donde se intenta dar cuenta de los aspectos del funcionamiento del psiquismo, la personalidad y la conducta. En ese concepto me inspiro para desarrollar la metapsicología de la pandemia. Una pandemia que nos ha atravesado a todos. Y en la que fuimos todos atravesados por la misma tormenta, con recursos subjetivos diferentes. Atravesados, además, por la incertidumbre y la inestabilidad.

En América Latina podemos decir que estamos más acostumbrados a la inestabilidad y la incertidumbre. Ya sea por temas económicos, sociales, climáticos, políticos, de salud, pero no todos juntos y al mismo tiempo.

Depresión, estrés, ansiedad, angustia, intentos de suicidios, abulia, trastornos alimenticios y del sueño son algunos de los síntomas que hemos observado en diferentes ámbitos y, en especial, hicieron eclosión en el ámbito laboral.

Muchas veces los padecimientos psíquicos no son tolerados en el ámbito laboral. Hemos visto que en el trabajo no hay lugar para el malestar psicológico. Quizás no lo había hasta ahora.

Aquella publicidad de galletitas donde todos contestaban que estaban felices, sin que hubiera lugar para otra respuesta, dejó de ser la mirada predominante, casi dejó de ser verosímil hoy.

Recuerdo un *tweet*, que decía "el que nunca lloró en el baño de su trabajo, en realidad nunca trabajó en una empresa". Esta frase da cuenta de cómo nuestra emocionalidad se pone en juego en el trabajo, aunque haya que esconderla.

Se dice que cuando le preguntaron a Sigmund Freud sobre la salud mental, él respondió que una persona saludable mentalmente es aquella capaz de **amar** y **trabajar.** Podemos sumar además, a este concepto, que se vincula con la capacidad de obtener placer y con la posibilidad de sublimar. "La diferencia entre la salud nerviosa y la neurosis no es, pues, sino una diferencia relativa a la vida práctica y depende del grado de goce y de actividad de que la persona es todavía capaz", señala Freud en sus *Conferencias Introductorias al Psicoanálisis.*

Es una de las maneras más simples que plantea la literatura freudiana de vincular el deseo a las circunstancias fundamentales de la vida cotidiana (amor y trabajo). La salud mental es una categoría no definitiva en los estados de las personas y se vincula también con la posibilidad de la pérdida de ese estado de salud, como potencialmente podría provocar una situación externa como la pandemia, que dejará un importante impacto en la realidad psíquica.

Otros modos de pensar la salud mental se relacionan con diferentes conceptos, tales como el estado de bienestar, la conciencia de las propias capacidades, el enfrentamiento de ciertas tensiones, la capacidad crítica respecto de la tarea, el aspecto de los vínculos sociales y afectivos, es decir, la dimensión transformadora y creativa del sujeto de la realidad.

Galende (1997) afirma que no existe una subjetividad que pueda aislarse de la cultura y la vida social, ni tampoco existe una cultura que pueda aislarse de la subjetividad que la sostiene. Es una mutua determinación —mutua producción—, dado que la subjetividad es cultura singularizada, tanto como la cultura es subjetividad. De este modo queda claro que la salud mental es una construcción social que varía según las culturas y las épocas. En la pandemia, muchas personas sufrían por algo tan "normal" como estar en la casa, y en cambio otros, que podrían tener alguna patología psíquica, que sufrían el contacto social o la obligación de salir y "estaban obligados a no salir" se sentían felices, ya que no eran considerados desde esa categoría social negativa. Los aspectos socioculturales que producen subjetividad varían a lo largo del tiempo y más aún en situaciones de alto impacto cultural y social como la pandemia. Incluso, hasta las consideraciones psicopatológicas están atravesadas por la época, de modo que el concepto de salud mental es cultural, social y hasta ideológico.

La pandemia, por su impacto disruptivo, pone en cuestión nuestra salud mental en cada una de nuestras acciones (amor, familia, amigos, sexualidad, estudio, trabajo, etc.). Es importante vincular esto con lo que plantea Pichon-Rivière, que define la **salud mental** como una adaptación activa a la realidad; como relación dialéctica y mutuamente modificante entre el sujeto y el contexto social.

La salud mental es todo lo contrario de una adaptación pasiva a normas y valores estereotipados mantenidos en la sociedad. La pandemia requirió de nuestra parte una actividad psíquica mayor, para permanecer en un eje equilibrado de salud psíquica.

A partir de lo que nos dejará la pandemia es imprescindible darles una consideración mayor a la problemática de la salud psíquica y a los riesgos psicosociales, fundamentalmente en el ámbito del trabajo.

Los riesgos psicosociales, por otra parte, no se limitan a las empresas. Desde la perspectiva psicológica, la pandemia ha tenido impacto en toda la población.

Por ejemplo, en los niños ha tenido impactos múltiples, como regresiones, dificultad para vincularse con otros más allá de la familia, mutismos, etc. En los adolescentes, la dificultad para poder estar entre pares, que es lo que genera la construcción de identidad con otros. Tanto en jóvenes como en adultos, desde el trabajo a la sexualidad, está todo distorsionado, y esta distorsión afecta la capacidad de adaptación, e incrementa la incertidumbre y el temor. Los adultos mayores, que son los más vulnerables, sin duda son los más afectados psíquicamente. No solo por el riesgo de enfermedad física y muerte, sino también por el tiempo perdido.

Un gerente dueño de una pyme en Ecuador me dijo: "Me sacaron un año de mi vida, de trabajo, de nietos, de viaje…, como dicen ustedes los argentinos, 'me cortaron las piernas'" —recordando la frase de Diego Maradona al quedar excluido del Mundial de Fútbol en 1994.

También se afecta nuestra dimensión somática: cada síntoma que tenemos lo asociamos al Covid. Estamos afectados emocionalmente con un subibaja emocional, con la dimensión del tiempo alterada, con dificultades para dormir, con exceso de horas de trabajo. Y en la dimensión social, el otro puede contagiarme, enfermarme. No va a ser sin impacto psicológico que salgamos de esto, aunque aún no lo tenemos del todo claro. Tenemos que lograr un sano desequilibrio. Es decir, un equilibrio en la incertidumbre.

Como bien me dijo Marta Scarpati, "Hay dos modos de pensar la pandemia: como un fenómeno disruptivo que tendrá efecto traumático subjetivo, en lo social y por supuesto en lo laboral. De hecho, algunos pensadores van más allá y ya hablan de crisis civilizatoria.

"En cambio, otra mirada consiste en que la pandemia solo nos obligará a sucesivas acomodaciones; adaptaciones y capacidad de flexibilización para que este hecho disruptivo empiece a formar parte de la escena del mundo y de la realidad que habitamos. Es decir, que podamos hacer inteligible lo acontecido y, como consecuencia, pueda ser un hecho elaborable, tramitable" —me comentó una de las personas de las que más aprendí.

Scarpati continuó: "Si en cambio la pandemia, para decirlo coloquialmente, nos quemó los papeles, los sistemas de respuestas que tenemos fracasan. Si la cosa fuera de ese rango, tanto a nivel subjetivo como en lo social, y por ende, también en lo laboral, el tratamiento es diferente.

"No es lo mismo enfrentar un hecho disruptivo que produce un trauma, que un hecho disruptivo que moviliza el sistema de respuestas de la historia personal, social y cultural con que contamos. Para los psicoanalistas, sería el momento de discernir si alcanzará con la repetición, recurso siempre a mano de los sujetos y las comunidades. O si se tratará de conectar un fenómeno disruptivo con capacidad de provocar un trauma que requiera una variación en el sistema de respuestas.

"Es evidente que el diagnóstico hace a la eficacia del tratamiento. Aunque estemos en un tiempo en el que todavía no podamos concluir".

Si bien es pronto para diagnosticar a la sociedad en general, sabemos algo sobre lo que las personas necesitan. Los psicólogos solemos decir que lo que no se dice se actúa. En general, cada uno a su modo, a través de un problema en el cuerpo (psoriasis, ACV, úlceras, etc.), o bien cometiendo errores, reaccionando violentamente, o deprimiéndose. La pandemia puso en mayor relieve la necesidad de expresar lo que sentimos y padecemos. Pero, ¿cuál es el marco, el dispositivo, el lugar donde se puede escuchar?

¿Las organizaciones de trabajo escuchan estos padeceres? ¿Los ocultan? Las empresas, ¿son agentes de prevención de salud mental o lo contrario?

Planteo estas preguntas para adentrarnos en el modo de concebir la pandemia desde la teoría psicológica, para invitar a la reflexión y estar mejor preparados para transitar la post pandemia, así como para enfrentar mejor futuros eventos disruptivos. En la post pandemia habrá que pensar la salud mental como la posibilidad de asumir la pérdida, de revisar aprendizajes, de cicatrizar heridas y de hacer duelos de lo que ya no va a volver. La posibilidad de recoger recursos y desarrollar las potencialidades subjetivas y, de este modo, afrontar los conflictos que nos dejará la pandemia, para poder incrementar —como diría Freud— la capacidad de amar, de producir, de sublimar y disfrutar, atravesando el miedo y la angustia de lo nuevo por venir.

1.7 La pandemia como evento disruptivo

Hemos experimentado un sentimiento de sinsentido, una crisis de la cual sabemos el inicio pero no el final. La pandemia se nos presentó con un impacto disruptivo.

El desequilibrio del ambiente nos vuelve vulnerables. Está la vacuna, pero el virus muta y eso trae un nuevo escenario de incertidumbre.

Para caracterizar lo disruptivo de la pandemia nos apoyamos en el concepto de evento disruptivo desarrollado por Moty Benyakar en su libro *Lo disruptivo*. Allí distingue lo traumático de lo disruptivo. Siguiendo a Freud, lo traumático refiere a la vivencia traumática, la modalidad subjetiva de atravesar el evento; hace foco en la vivencia y no en el evento.

El impacto del evento disruptivo dependerá de la capacidad psíquica de cada uno para elaborarlo.

El trauma en sí —plantea Benyakar— no es el evento, sino el modo subjetivo de procesarlo lo que tiene potencial traumático, pero no necesariamente para todos. (Un ejemplo de esto es que, probablemente, para algunos casos de agorafobia la pandemia fue un alivio, ya que los "obligó" a no tener que salir de su casa.)

Un acontecimiento disruptivo es una situación externa al psiquismo, que genera alteración del equilibrio psíquico. Para que este evento externo sea traumático, debe provocar un quiebre en la capacidad de procesamiento mental. Por ello Benyakar pone énfasis en que lo traumático no es un evento fáctico o una situación, sino el modo de procesarlo psíquicamente.

En latín, *dirumpo* significa destrozar, hacer pedazos, romper, destruir, establecer discontinuidad. Por lo tanto, disruptivo será todo evento o situación con la capacidad potencial de irrumpir en el psiquismo y producir reacciones que alteren su capacidad integradora y de elaboración.

Incorporando el concepto de lo disruptivo, podemos decir que lo disruptivo es lo que sucedió, lo fáctico, mientras que el modo de vivir lo que sucedió es el aspecto psicológico. Es decir, la pandemia es un hecho disruptivo que provoca en cada sujeto diversas formas de elaboración, las que generan y producen distintos tipos de reacciones psicológicas.

Según lo desarrollado por Benyakar[7], la experiencia disruptiva tiene tres componentes:

- Lo fáctico, el hecho en sí, lo que pasa.
- El discurso del conjunto, el entorno y cómo reacciona ese entorno.
- La vivencia, lo que le pasa a la persona en su psiquismo, subjetivamente. Dos personas son atravesadas de modo diferente por la misma situación.

Un evento se consolida como disruptivo cuando desorganiza, desestructura o provoca discontinuidad. Lo vemos claramente en la pandemia, no solamente en nuestro trabajo, sino en nuestro hogar, en nuestros vínculos; casi no hubo

---

7 https://www.youtube.com/watch?v=6kw4f3wLCwg

ningún aspecto de nuestra vida que no haya sido desestructurado por ella.

Pero la carga psicológica de esta discontinuidad de nuestras vidas, la desorganización y lo que ocurra con ella no le pertenecen al evento, sino que dependen del sujeto que lo vive. No obstante, existe una clase de eventos: por ejemplo, un cataclismo, accidentes o enfermedades graves, la muerte de un ser querido, una guerra, un atentado terrorista, que son disruptivos *per se*. Este hecho, sin embargo, no nos autoriza a evaluar los acontecimientos a priori y mucho menos a generalizar esa evaluación. Esto es importante en la medida en que no podemos saber cómo la pandemia afecta a nuestra sociedad. Sabemos que la afectará, claro, pero no de qué manera y en qué medida exacta. Lo que no quita que debamos estar preparados. Algunos autores hasta se aventuran a señalar que la próxima pandemia que deviene del coronavirus será una pandemia de la salud mental.

La pandemia del coronavirus tiene todas las cualidades que, según Benyakar, potencian la capacidad disruptiva de un evento:

a) ser inesperado;
b) interrumpir un proceso normal y habitual indispensable para nuestra existencia o para mantener el equilibrio;
c) minar el sentimiento de confianza en los otros;
d) contener rasgos novedosos no codificables ni interpretables según los parámetros que ofrece la cultura;
e) amenazar la integridad física propia o de otros significativos, y
f) distorsionar o destruir el hábitat cotidiano.

Finalmente, el impacto de la pandemia como hecho disruptivo puede provocar ansiedad, depresión y puede ser traumático, pero solo podremos saberlo a posteriori de ocurrido el evento, según sea el impacto subjetivo en cada uno de nosotros. El estudio de Benyakar se esfuerza en definir lo inadecuado que es, desde el campo de la salud mental, decir de un evento o situación que es traumático/a per se.

Definir la pandemia como un suceso disruptivo nos posibilita investigar las situaciones cotidianas, los modos en que impacta en cada persona, en cada grupo y en cada organización, además de analizar cómo se vincula con esas vivencias particulares, de una manera única. De este modo, es imposible generalizar el impacto subjetivo de la pandemia dado que es un evento generalizable. Esta diferencia radical es la que permite el adecuado diagnóstico que nos posibilitará un tratamiento eficaz, a la medida de cada situación. Como sostiene Jacques Lacan en su texto "El tiempo lógico y el aserto de certidumbre anticipada", la pandemia requiere un *instante de la mirada*, que es el hecho fáctico, el suceso, lo impersonal de la pandemia, *un tiempo de comprender* el impacto de la pandemia particular de esa persona, de ese grupo, de esa organización y, finalmente, *el momento de concluir*, es decir, decidir qué hacer en cada caso para sobrellevar el impacto y recoger los aprendizajes, de manera de elaborar y superar la situación de lo acontecido, lo que permitirá construir "la nueva normalidad".

1.7.1 La inmunidad psíquica

"Lo disruptivo" es un concepto que postula el impacto desestabilizador de esa especial relación entre lo fáctico y el psiquismo humano (Binswanger, 1972).

Lo disruptivo provoca un impacto en el interjuego psíquico de la persona y la situación. Sabemos del potencial traumático de la pandemia, pero no conocemos el alcance subjetivo que este impacto va a tener. Como explicamos anteriormente, el evento pandemia no es lo traumático. Puede producir miedo, tristeza, estrés y depresión. Frente a lo disruptivo de la pandemia, podemos también desarrollar inmunidad psíquica, consistente en la posibilidad de elaborar la situación.

Si bien cada psiquismo tiene su propio modo defensivo de elaborar las adversidades, en este sentido, inmunidad psíquica supone desarrollar defensas emocionales para funcionar saludablemente ante impactos disruptivos, enfrentando las situaciones y no huyendo de ellas o negándolas. Por ejemplo, en pandemia, trabajé con personas que individualmente estaban felices por el incremento de su productividad, bien porque armaron un negocio gigante de barbijos, o porque digitalizaron absolutamente toda la venta de su empresa. En cambio, hay quienes no pudieron salir de su casa durante más de un año y para quienes la pandemia fue un enorme tiempo perdido, con un fuerte costo para siempre.

Benyakar señala:

"Las tres características de la inmunidad psíquica son:
a) reconocer el factor dañino;
b) reconocer individualmente reacciones propias;
c) tomar individualmente las medidas adecuadas para preservarse de ellas".

En términos generales, también hemos visto ejemplos de comportamientos que pueden relacionarse con esas características. Por ejemplo, aquellos que buscaron los parques públicos para poder ejercitarse al aire libre manteniendo distancia social y medidas de protección, aquellos que han optado por salir a pasear en bicicleta (un boom urbano en la Argentina), los entrenamientos por Zoom, constituyen ejemplos que pueden englobarse en aquella búsqueda de inmunidad psíquica.

Ante impactos inesperados, algunos reaccionan escapándose, corriendo, aislándose, negando la situación, etc., y al emerger estas reacciones las personas pueden sentirse extrañas y transformarse en nocivas y persecutorias. Psíquicamente, cada cual reaccionará según su propio estilo personal; cada grupo en función de su dinámica, y cada organización en el sentido de su propia cultura. El coronavirus nos ha enfrentado a la falta de capacidad de desarrollar defensas físicas y, conjuntamente, nos ha dificultado el desarrollo de defensas psíquicas, puesto que nos puso de frente ante lo que no podemos soportar: la **incertidumbre**.

Lo complejo del Covid-19 es que nos impidió proyectar y proyectarnos, tanto en lo laboral como en lo familiar y en lo estrictamente individual. El aislamiento ya vivido, la amenaza de nuevos aislamientos y de nuevas pandemias podrían detener el desarrollo de la inmunidad psíquica, debido al temor a lo desconocido por venir. Frente a esto, el trabajo posible es fomentar y facilitar el desarrollo de la inmunidad psíquica. Es angustiante no poder proyectar, no tener ningún tipo de perspectiva futura, sea en nuestra vida personal, familiar, económica o social. Sabemos interactuar de mejor o peor manera, pero no sabemos cómo es vivir aislados. El coronavirus dificulta el desarrollo de la inmunidad psíquica porque la amenaza es lo absolutamente incierto, lo que no sabemos del futuro. Como sostiene Benyakar, "Debemos incentivar el desarrollo de la inmunidad psíquica transformando lo incierto en conocido, abordable, posible. Comenzando desde los marcos más íntimos, para contactarnos con lo propio. Surge la incógnita de cuál es la respuesta. Es muy simple, solo la creatividad, una acción mancomunada y solidaria, el apoyo mutuo entre las personas puede transformar lo no conocido en propio". Frente a tanto discurso individual —e individualista— la respuesta saludable post pandemia viene también de la mano de otros. Parafraseando a Paulo Freire, nadie se salva solo, nadie salva a nadie, todos nos salvamos en comunidad.

¿Es posible trabajar el concepto de **inmunidad psíquica en las organizaciones**? ¿Podemos convertir a las organizaciones en usinas de inmunidad psíquica? Seguramente no a todas.

Más adelante revisaremos conceptos de liderazgo tendientes a minimizar los riesgos y a tener las "defensas altas", a nivel de organizaciones y equipos.

1.8 Gestión de la cotidianidad. El nuevo malestar en la *cool*tura

> *En estos tiempos de oquedad,*
> *de oscuridad iluminada,*
> *de distracción a perpetuidad,*
> *de imbecilidad tan programada.*
> *Aunque no encuentres la voz,*
> *aunque te paguen con platos de arroz.*
> *Aunque te asustes y puedas caer,*
> *la dignidad no se pierde, sabés.*
> (CIRO Y LOS PERSAS, *Vas a bailar*)

Hace más de noventa años, Sigmund Freud escribió una de sus obras fundamentales, *El malestar en la cultura*. Entre ese momento y el actual se pueden tender varios puentes. El título original del libro, era "La infelicidad en la cultura". Un título estremecedor en el momento actual, cuando recibimos constantes mensajes sobre la obligación de ser felices.

La felicidad de los *likes* y el ser feliz como destino de nuestra época están muy vinculados al consumo. Hoy, el malestar en la cultura hoy sería el malestar de la *cool*tura, la obligación de ser *cool*, que en lugar de estar sostenida por el ser, se basa en el tener. "Soy en función de lo que tengo y lo que consumo", y esto mismo encuentra resonancia en la siguiente cita de aquel texto de 1920: "El hombre ha llegado a ser, por así decirlo, un Dios con prótesis; bastante magnífico cuando se coloca todos sus artefactos, pero estos no crecen de su cuerpo y a veces aun le procuran muchos sinsabores".

Con respecto a *El malestar en la cultura,* Freud escribe ese libro durante la crisis de la Bolsa de Nueva York, que desencadenó una de las crisis económicas más fuertes en todo el mundo capitalista, y luego de la pandemia de la gripe española, en la que muere Sophie, una de sus hijas.

Freud plantea, entre otras claves, tres fuentes centrales del malestar de las personas en la cultura. Estos tres ejes tienen una vigencia inusitada en la actualidad, más aún después de que fuéramos atravesados por la pandemia.

a) **La fragilidad de nuestro cuerpo**, que nos condena al límite de ser mortales.

b) **La naturaleza, que con sus fuerzas destructoras omnipotentes e implacables también nos limita**. El coronavirus es para muchos una venganza de la naturaleza, como anticipó Bill Gates.

c) **Las relaciones humanas, que son imprescindibles y que también pueden ser una fuente de sufrimiento**.

En este sentido, el distanciamiento, las cuarentenas, el temor al contagio, se sumaron a las dificultades de los vínculos actuales de amor, amistad y trabajo.

La pandemia puso nuevamente sobre el tapete la vigencia del texto de Freud después de noventa años. No solo a partir de la angustia por la muerte —que no suele estar cotidianamente presente en nuestras vidas y que la pandemia volvió a imponer— sino también en relación con el hecho de revisar nuestro lugar como ciudadanos, en cuanto al cuidado de la naturaleza. La pandemia nos trajo a la realidad, a comprender que somos visitantes de un mundo que hemos depredado. Pensábamos que teníamos a la naturaleza dominada, por nuestros avances tecnológicos, pero la pandemia nos dio un cachetazo de realidad. Sabemos menos de lo que creemos. Más cuando hablamos de un virus biológico y cibernético.

Es por esta realidad que propongo sumar al análisis del impacto de la pandemia en la economía, en las organizaciones y en las empresas, también el impacto de la pandemia en las personas, en cada uno de nosotros.

También desde ese lugar se construyen estrategias, teniendo en cuenta que el capital humano —tantas veces así mencionado— lo componen las personas, con sus motivaciones, sentimientos, emociones, limitaciones, angustias. Es a partir de entender esta realidad que nos atraviesa, que estamos proponiendo organizar y organizarse de la mejor manera, teniendo en cuenta las marcas, los daños y los aprendizajes que nos deja esta pandemia

Es de esa idea que parte la necesidad de detenernos en la gestión de la cotidianidad, sin olvidar el malestar en la cultura, pero actualizado.

La pandemia del coronavirus es una situación disruptiva sin prácticamente marco de referencia. Es global —como nunca antes, al menos en cien años, y como su nombre lo indica—, y tiene una implicación psicosocial y económica que en esta dimensión no tiene antecedentes. Sabemos cuándo comenzó pero no cuándo va a terminar. En nuestro registro, pensamos que en principio era una cuestión de días, luego de meses y ahora de años. Como fuimos señalando, nos atravesó así la incertidumbre, que en algunos se transformó en desesperanza; en otros, en angustia o pánico y, en algunos casos, incluso en depresión.

En este contexto, nuestra vida cotidiana también se vio afectada.

Las actividades del trabajo se realizaron desde el hogar, donde también se convive con actividades escolares, de modo que se desdibujan los límites entre el lugar para estar con la familia *y* el lugar de trabajo. Un *y* en el cual los vínculos afectivos se ven invadidos por tiempos y espacios de otro orden.

Si nos preguntamos cuáles son las cosas más importantes de nuestra vida, podremos hacer una encuesta sobre esto. Seguramente, se destacará la famosa frase "salud, dinero y amor" (o bien, para los más osados, será "sexo, droga y rock and roll"). La pandemia nos afectó en los dos primeros componentes de la primera frase. Pero… ¿también afectó al amor?

En este sentido, podemos pensar que la pandemia afectó nuestros vínculos afectivos, familiares, amistosos y sexuales. Hubo casos muy significativos que dan cuenta de la pérdida, teniendo en cuenta la amplia gama de vínculos amorosos en tiempos de confinamiento y restricciones de contacto.

Como señalamos anteriormente, desde la perspectiva freudiana, la salud psíquica es el devenir del desarrollo de la capacidad de amar y trabajar. Como sostiene Christophe Dejours, el trabajo es el otro del amor.

En el amor queremos que nos quieran por lo que somos y en el trabajo queremos que nos reconozcan por lo que hacemos. Es decir, el amor y el trabajo son de algún modo las dos caras de la misma moneda que es el sujeto, sostiene el médico francés.

El trabajo —sabemos— suele afectar al amor y el amor suele afectar al trabajo. En la pandemia, trabajo y amor se vieron afectados, y así como los modos de organización del trabajo cambiaron, lo mismo ocurrió con los modos de vincularnos sexo-afectivamente con otros.

"Amar es dar lo que no se tiene a alguien que no lo es". Así define el psicoanalista francés Jacques Lacan el amor. Esta expresión, que es en sí una paradoja, tiene muchas interpretaciones, pero también una certeza. El amor es dar.

Sin embargo, en esta pandemia que estamos atravesando, ¿es posible dar? Si estoy agobiado, angustiado, deprimido, ensimismado, poniendo la mirada y el pensamiento sobre mí mismo, sobre mi realidad y sobre cómo me afecta la pandemia, ¿puedo dar a otros si yo no estoy bien?

Veamos qué sucedió durante la pandemia en lo que respecta al amor, desde la perspectiva psicológica.

La preocupación por enfermarnos, el temor al impacto económico de la situación, la convivencia obligada, la ansiedad, entre otros aspectos que golpearon psicológicamente a las personas, generaron un cóctel explosivo para muchas parejas.

"No me lo banco más. Es que no es lo mismo vernos a la noche cuando cada uno vuelve de su trabajo que convivir las 24 horas" —me decía una paciente con respecto a su marido–. El confinamiento fue uno de los principales factores de rupturas amorosas. La convivencia forzada y la rutina compartida pusieron en evidencia la falta de amor. Los vínculos surgidos por comodidad o conveniencia no se sostuvieron a lo largo de la pandemia. Si bien, en muchas parejas, esto era "crónica de una muerte anunciada", la pandemia provocó un derrumbe acelerado de aquellos vínculos.

El desgaste del amor también se debió a la falta de proyectos compartidos, a no poder ir más allá del día a día. En la pandemia, fundamentalmente nos dedicamos a sobrevivir, y el aburrimiento, en gran parte, se apoderó de las relaciones de pareja.

"El coronavirus mató nuestro amor". Lo que en principio se veía como una oportunidad de reencontrar los vínculos amorosos terminó siendo un calvario. El incremento del tiempo juntos demostró que del otro lado de la cama había un/a desconocido/a. A su vez, la cantidad de trabajo extra, además del cuidado de la casa y el acompañamiento de las tareas de los chicos, también fueron un factor de peleas constantes, sobre todo por la falta de equilibrio y porque mayormente el peso recayó sobre las mujeres. Del mismo modo, el confinamiento y la dificultad para contar con otras redes de apoyo como abuelos o tíos, les quitó a las parejas oportunidades de encontrarse solos, más allá de su rol de padres. Esto impactó directamente en la sexualidad que, en la mayoría de los casos, se fue a pique.

Uno de los rubros más golpeados por el Covid-19 fueron los hoteles. "Nos mantuvimos en pie, en parte gracias a las separaciones" —me confesó un cliente—. De los turistas que venían a la ciudad no quedó ninguno, pero se completó con los cónyuges que decidieron dejar la casa para descomprimir, en muchos casos, y ver si había chances de recuperar algo del amor perdido.

Así fue el caso N. "'Desensillar hasta que aclare'; nos tomamos un tiempo para ver si seguimos. Fue una decisión difícil, porque había que dejar al otro solo en un tiempo de crisis, con los dos chicos, pero era el único modo de ver si podíamos salvar la relación. Y entonces alquilamos una habitación en un hotel cerca de casa. Ella va una semana al hotel y yo me quedo en casa, luego intercambiamos y yo voy al hotel. Por ahora vamos...".

La dificultad de sacar conclusiones en pandemia también implica que muchas personas la estén pasando mal al interior de la pareja, sin las posibilidades psicológicas, afectivas, o inclusive económicas, de tomar decisiones definitivas de separación. Entonces, la agonía sigue.

1.8.1 El barbijo tapa también la sorpresa

Iniciar una relación amorosa en pandemia parece requerir más coraje que antes. Las dificultades del encuentro con un desconocido, la falta de lugares de encuentro y coincidencia generan nuevas incomodidades. Casi lo único que queda son las aplicaciones de citas, "pero casi no hay citas" —oportunidades— se quejan los usuarios.

No obstante, si superamos esos obstáculos, hay más barreras para atravesar. Una de las historias que más me impactó fue la de una paciente que me dijo luego de salir con un joven "se terminó la magia del primer beso". El uso del barbijo requiere un acto más, incómodo, que instala el tapaboca, que avisa en el gesto de bajárselo que hay algo que todos sabemos que va a ocurrir, sin magia, anticipadamente, un anuncio no requerido, sin improvisación, sin poesía. Será que tenemos que reversionar el clásico del cantante Dyango, *El primer beso*:

Me dio el primer beso
Con labios temblorosos
Después, sus ojos negros
Me miraron con asombro.

Adiós al asombro. En post pandemia, es un beso con aviso. En el momento en el que uno de los dos se quita el tapabocas y se acerca al otro, está dando la clara señal de ir a buscar ese beso que antes se deslizaba en forma más misteriosa y sorpresiva. En definitiva, la pandemia parece cambiar el modo en que conocíamos el amor.

1.8.2 *La tecnología del orgasmo. La sexualidad del Covid-19*

Frente a una situación tan desestructurante y extrema como la pandemia, en que las personas priorizan las necesidades básicas de salud, vivienda y alimento, las relaciones sexuales y el deseo sexual también se vieron afectados. El deseo sexual pasa a segundo plano y el placer sexual se vuelve autoerótico, entre otras cosas, porque, además, el otro es una potencial fuente de contagio.

¿Estamos entrando a un modo de sexualidad que no requiere de la presencia del otro?

El *sexting* fue una de las prácticas más significativas, no porque sea una práctica exclusivamente pandémica, sino por la explosión que experimentó. Y lo sorprendente es que diferentes agentes de salud de los gobiernos alentaron esta modalidad sexual cibernética, llamada *sexting* o sexo virtual. Frases tales como "no besarse es mejor" o "sos tu pareja sexual más segura" desde los discursos oficiales favorecieron esta vuelta de la sexualidad pandémica hacia uno mismo.

El sexo virtual, en tanto que práctica, así como la masturbación hicieron eclosión en la pandemia, tanto como los productos necesarios para practicarlos, eclosión que se vio reflejada en el incremento del tráfico de páginas porno y en el mayor consumo de juguetes sexuales, colocando el vibrador de tipo "conejito" en la cima de las ventas.

Estamos frente a una pandemia en la que la tecnología atraviesa el orgasmo. El sexo, más que nunca, quedará atravesado por la tecnología. Es una nueva adaptación del coronavirus y lo es en nuestra vida sexual. Las personas han dejado de tener sexo como lo entendíamos antes, la forma de practicarlo cambió con la hecatombe del Covid, e indudablemente podemos hablar de cambios de hábitos que darán lugar a un sexo post pandemia.

1.8.3 El amor en los tiempos del coronavirus

Se dice que lo que no nos mata nos fortalece. Y el amor es una de las partes más importantes de nuestras vidas. La maravillosa novela de Gabriel García Márquez, *El amor en los tiempos del cólera,* cuenta la historia de amor entre dos personas de distinta clase social en una sociedad conservadora que es, a todas luces, desde la teoría, improbable. Describe una sociedad insensible, una sociedad injusta, donde el amor entre dos jóvenes de distinta condición social estaba condenado al fracaso. Mientras tanto, la epidemia del cólera continúa visitando cada temporada el pueblo y provocando la muerte de incontables seres humanos. El protagonista, Florentino Ariza, tendrá que esperar cincuenta y tres años, siete meses y once días con sus noches para que, finalmente, Fermina Daza corresponda a su amor.

Las palabras clave para el amor en pandemia, son *paciencia* y *reinvención*. Paciencia, para poder estar con el otro, que es atravesado por sus preocupaciones, y reinvención de los vínculos para no caer en la abulia. Para poder seguir amando.

Porque como decía Lacan, el amor es dar **hasta lo que no se tiene**. Y como canta Fito Páez "nadie puede y nadie debe vivir sin amor".

1.8.4 Educación con formato híbrido

La educación es otro aspecto de la vida cotidiana que se vio sacudido por la pandemia y que dejará huellas también en el camino de las empresas y de las organizaciones.

En la pandemia se incrementaron las demandas a las escuelas, exigiendo respuestas más diversas e intensas que a otras instituciones.

Los docentes, por su parte, tuvieron que salir a dar la batalla sin preparación previa, porque había que seguir. Algunos con más recursos propios y otros con menos.

Esto derivó en una creciente tensión en el vínculo entre maestros y padres. En algunos casos, existieron acusaciones cruzadas: "Los padres sobreprotegen a los hijos y desautorizan a los docentes"; "Los padres no pueden educar a sus propios hijos y nos piden a nosotros, los docentes, que hagamos su tarea"; "Los padres no se interesan en lo que sus hijos hacen en la escuela, les pedís ayuda y no están, somos un depósito de niños". Por otro lado, he escuchado frases como "Además de trabajar y estar con mi hijo todo el día porque las escuelas están cerradas, tengo que hacer de padre y maestro"; "Qué fácil es ser maestro, metés un Zoom un rato y listo"; "Si hasta yo me aburro en la clase de esos maestros, imaginate mi hijo, que tiene diez años. ¡Qué poca creatividad!".

En un marco de incertidumbre, los docentes no dejaron de trabajar desde el inicio de la pandemia. Aprendieron recursos que nunca habían usado, y no solo eso, sino que tuvieron que enseñar a usar esos recursos. Los docentes y sus clases entraron en las casas. El esfuerzo fue constante para dar clases a la distancia. Y, fundamentalmente, para aquellos docentes que también desarrollaron acciones sociales, repartiendo cuadernillos y alimentos, o buscando a niños y niñas que habían abandonado la escolaridad, más allá de la computadora, dando lo mejor de lo que tenían a mano.

Al mismo tiempo, los padres enfrentaron la pandemia con una incertidumbre abrumadora. Sosteniendo a sus hijos, alentando el conocimiento, adaptándose a un modo de aprendizaje inimaginable años atrás.

2. El mundo del trabajo híbrido

2.1 Luces y sombras del teletrabajo

En mi tarea de consultor también he vivido este proceso, y es claro que tanto para las empresas como para los empleadores esta situación pandémica generó oportunidades de cambio.

En una de las empresas a las que asesoro, un empleado administrativo me reveló que con la modalidad *home office* tenía que trabajar más. Al conocer en profundidad el caso, pude descubrir que se sentía más obligado a demostrar que trabajaba. "Ahora mi jefe no me ve" —dijo en un momento—. Si bien el jefe lo veía en Zoom, él sentía que no lo veía, no lo veía trabajando, entonces se obligaba a trabajar más para que su aporte se hiciera más notorio.

Lo que quiero destacar es que no es lo mismo llegar a un acuerdo con tu jefe para trabajar desde tu casa, hacerlo al comienzo algunos días por semana, planificarlo, que la situación de encierro forzado que tuvimos que atravesar y que derivó en el actual traspaso al trabajo remoto.

En este contexto, es necesario revisar las expectativas y generar acuerdos posibles, porque lo imposible produce más angustia y más desmotivación.

El próximo paso es planificar, desde la actual situación de cambio, el futuro del empleo en empresas y organizaciones, teniendo en cuenta las nuevas condiciones post pandemia, y hacerlo preparando escenarios dinámicos con estructuras flexibles para adaptarse a los cambios futuros.

Ya están sucediendo cambios que reflejan la aceleración de algunas tendencias que se iban desarrollando a otro ritmo. Por ejemplo, una persona con quien trabajo en un proceso de *coaching*, cambió de trabajo en marzo de 2020. Dejó un puesto en la filial de una empresa global de telefonía, para pasar a un puesto regional en Microsoft, para América Latina. El nuevo puesto no exige ir a ninguna oficina. Puede trabajar desde cualquier lugar, siempre que tenga buena conexión a Internet. A fin de marzo fue a una oficina de Microsoft en Buenos Aires, pero no para mantener una reunión de trabajo. Simplemente, fue a retirar la computadora y la silla que le da la empresa.

El desafío en este caso es la transmisión de la cultura organizacional al nuevo colaborador, a la que solo había tenido acceso desde lo virtual y que solo conoce presencialmente a una parte del equipo de trabajo, ya que el resto está teletrabajando.

En post pandemia es otro el esfuerzo de inducción para transmitir los valores organizacionales, los ritos, el clima laboral, las presunciones básicas, para generar compromiso y pertenencia. Es el desafío de construir entornos colaborativos y comunidad laboral, cuando estoy en casa y nunca fui "físicamente" a la empresa.

Por supuesto que estas grandes compañías globales tienen más recursos para surfear la nueva ola, con malos y con buenos vientos. Todos hemos atravesado una tormenta inesperada, algunos en un transatlántico y otros en una balsa. Es vital poder reparar los daños y preparar los equipos para continuar de la mejor manera y, si es posible, emerger fortalecidos como empresas, como equipos y como personas.

Ahora es momento de desarrollar los nuevos protocolos de liderazgo.

2.2 Hacia un nuevo protocolo de liderazgo

En varios apartados de este libro nos ocuparemos de liderazgo. Por un lado, porque muchos autores han señalado que la pandemia nos ha quemado muchos de los manuales que teníamos, en función de lo cual tenemos algunos conceptos para aportar. Por otro lado, sabemos que el liderazgo es considerado uno de los traccionadores de resultados más importantes, y cuando nos referimos a resultados, hacemos referencia a resultados de productividad, pero también de aprendizaje, de clima laboral y, por supuesto, de sustentabilidad. La pandemia planteó el desafío de construir rápidamente un liderazgo más cercano. Mucho más próximo a los equipos, a cada una de las personas y especialmente a aquellos con los que el líder trabajará en forma remota.

"Estoy haciendo más de psicólogo que de ingeniero". Así resumió esta situación el gerente de una empresa del rubro Logística, al cual asesoro en el fortalecimiento de su equipo. Logró sintetizar lo que a muchos líderes de equipos les ha sucedido y les sucederá en el futuro: la necesidad de incluir a las personas en su integralidad y no solo en lo que hace a su rendimiento y productividad.

En mi experiencia de consultor he observado varias etapas en la adaptación a la pandemia: luego del primer golpe traumático por el encierro obligatorio, apareció cierto alivio inicial al ver que se podía continuar con la actividad a distancia. Algunos valoraban no perder tiempo y dinero en los viajes al trabajo, que podían pasar más tiempo con la familia; en suma, surgieron algunas adaptaciones que dieron la sensación de que no era tan grave el trauma inicial.

Según una investigación sobre 21.000 empresas, realizada a nivel mundial en julio de 2020 por profesionales de la escuela de negocios de Harvard[8], la jornada de trabajo en pandemia era 48 minutos mayor, en promedio, y se realizaban más reuniones que antes, aunque la duración de esas reuniones era menor. La buena novedad es que quizás esto pueda ser el comienzo del fin de la "reunionitis". Los primeros estudios reflejaban que las reuniones por Zoom y otros dispositivos no eran tan extensas como las reuniones presenciales pre pandemia. Pero se debe tener especial cuidado por el riesgo del exceso de trabajo y el estrés laboral que esto conlleva.

Luego apareció cierto acostumbramiento a la nueva situación y, tanto empleados como empleadores, ven con buenos ojos la modalidad mixta que surge a partir de la pandemia: algunos días se trabajará desde la casa, otros se irá a la oficina.

Lo nuevo, entonces, es una mezcla, un *blend*.

Al mismo tiempo, permanecerán ciertos efectos de la pandemia, como miedos y ansiedades ante el riesgo de futuros contagios por nuevas enfermedades. Volver al trabajo presencial ya no será habitual ni "familiar" como era antes, y pasará un tiempo para que podamos adaptarnos a estar junto a muchas personas, sin temor o incomodidad. Es decir, aun con la vacuna para el Covid-19 el trauma continuará, y las empresas deberán preparar sus espacios de trabajo teniendo en cuenta las recomendaciones de seguridad e higiene para la post pandemia. Y deberán hacerlo prestando especial atención a los riesgos psicosociales, a la bioseguridad de sus empleados, con una nueva mirada integral.

---

8   https://www.nber.org/papers/w27612.pdf

Así también se tendrán que preparar los líderes y sus equipos, planificando flexibilizar el uso de las oficinas pero sin eliminarlas, sabiendo que continuarán las reuniones virtuales, combinadas con reuniones presenciales. Una modalidad no reemplaza a la otra, y existe un nivel de colaboración, de afecto y conexión que solo sucede si se está frente a frente.

El nuevo protocolo de liderazgo también incluirá la necesidad de una mirada flexible, para estar atentos a la situación emocional de nuestros colaboradores y proponer esquemas innovadores. Para las empresas, en algunos casos, esto implica apostar a la madurez y a la autonomía. Para los colaboradores, puede incluir la posibilidad de pensarse casi como independientes dentro de la relación de dependencia. Por ejemplo, he conocido el caso de la colaboradora de una empresa multinacional de software que, al entrar en pandemia (casi escribo "entrar en pánico") pidió licencia, aunque luego se dio cuenta de que había podido intentar administrar el propio tiempo casi como un autónomo dentro de la relación de dependencia.

¿Cómo se articula este renovado liderazgo con las nuevas generaciones? ¿Cuál es la predisposición de los *millennials* y los *centennials* a ser liderados? Las nuevas generaciones traen también sus miradas y sus demandas. Inducen a nuevos modos de organización en el trabajo, más inclusivos, más diversos y amplios. De manera que también los podremos reconocer en el futuro con el término "pandemials", puesto que aquellos que ya son nativos digitales, además, van a ser atravesados por los nuevos modos de organización que dejará la pandemia.

Esa suerte de presión de las nuevas generaciones hacia las empresas demandando la mayor amplitud que ellos mismos viven hace que también estas se vayan actualizando, a la par de los cambios que viven las sociedades. Esas cualidades de ser más inclusivas y respetuosas de las diversidades serán demandas cada vez más crecientes, tanto de los colaboradores como de la sociedad y también de los clientes.

Estos desafíos suceden en diferentes tipos de organizaciones, no solo en las empresas. En la cátedra de Psicología Organizacional y Empresaria, que dirijo, estuvimos en contacto más cercano con profesores y alumnos. También en mi consultora. Durante la pandemia hablamos con mucha más frecuencia que antes, tanto con colaboradores como con clientes, incluso nos preguntamos por nuestras familias. He conocido mucho más de su entorno que antes. Tengo una cercanía que anteriormente, como líder de ese equipo, no tenía.

Así debería suceder en las ONG, en las instituciones del Estado y en una amplia gama de organizaciones. Esa cercanía personal, cuando físicamente debemos estar distantes, es parte del nuevo liderazgo. Es cada vez más importante poder desarrollar un estilo de liderazgo adaptativo y ágil, atento e inclusivo, receptivo y diverso, que ubique a las personas en el centro de la atención, para obtener resultados integrales.

2.3 Del *high tech* al *high touch*

> *El futuro llegó hace rato*
> *todo un palo, ¡ya lo ves!*
> *Veámoslo un poco con tus ojos...*
> *¡El futuro ya llegó!*
> (PATRICIO REY Y LOS REDONDITOS
> DE RICOTA, *Todo un palo*)

En 1970, Alvin Toffler escribió *Future Shock* (*El shock del futuro*). Allí desarrolla las formas de vida del futuro, anticipando que nuestra sociedad estaba atravesada por demasiados cambios en muy poco tiempo, pero el Covid aceleró esos cambios.

Desarrolla además la necesidad de lograr, en un mundo cada vez más tecnológico, en un mundo de la información donde las personas tienen que lidiar cotidianamente con la "alta tecnología", que el desafío que se tiene por delante es cómo mantenemos los vínculos interpersonales y la colaboración. A tal efecto, propone el "alto contacto". Cuanto más *high tech* hay en las relaciones de trabajo, se hace necesario más *high touch*. Cuanto más se use la "alta tecnología" para trabajar, va a ser más necesario un más "alto contacto" entre las personas. Este es uno de los desafíos que nos deja la pandemia. ¿Cómo logramos construir, entonces, contenido humano en las relaciones mediatizadas por la tecnología? Para ello se requieren empatía, escucha activa, inteligencia emocional, credibilidad. Es decir, el desarrollo de las llamadas "habilidades blandas", que son esenciales. Vamos a tener que continuar perfeccionándonos en estas habilidades "humanas", así como nos vamos a perfeccionar en el uso de la tecnología. Seguramente, deberá ocurrir en consonancia.

En este sentido, las organizaciones tendrán que valorar, reconocer y hasta recompensar estas habilidades y fomentar su despliegue. Así como en algún momento se decía que mostrar "la parte humana" de uno en el trabajo no era "muy profesional", a partir de ahora la condición de "profesional" dependerá de esas capacidades llamadas "humanas".

Esto incluye, además, una especial predisposición a brindar apoyo para que los colaboradores puedan realizar su tarea, y también tolerancia al error o a la dificultad, teniendo en cuenta las tensiones de los nuevos modos de organización del trabajo, que se suman a los momentos de incertidumbre que, sin duda, continuarán post pandemia. Para poder, en tiempos de incertidumbre, aprovechar para celebrar aquellas cosas dentro de lo que podamos celebrar: la cultura celebratoria es parte de los aprendizajes que nos dejará la pandemia.

Si antes valorábamos algunas cuestiones más bien superficiales, la pandemia y las lamentables pérdidas que trajo aparejadas nos permitirán revalorizar aquellos aspectos menos superficiales y más esenciales. En este sentido la tecnología —el *high tech*— es un medio, y el *high touch* deberá ser un fin en sí mismo, para fuera de las organizaciones y para dentro de ellas también.

Antes, un querido jefe solía decir en broma —pero en parte en serio— "una cosa es el pescado que vendemos y otra cosa es el pescado que comemos". Esto ya va a ser insostenible. En casa de herrero, el cuchillo deberá ser de hierro, o de metal; si no, es difícil que la herrería sea sustentable.

2.4 2021: Trabajo prescrito y trabajo real

Existe un trabajo prescrito, el pactado, el hablado en las entrevistas previas al ingreso, el acordado. Luego empieza el trabajo real, el que se hace efectivamente.

El trabajo real siempre es diferente del trabajo prescrito, requiere la subjetividad puesta en juego que los manuales no pueden describir. Habitualmente, el trabajo real es imposible de calcular. Siempre requiere de un esfuerzo subjetivo para no quedar atrapado en lo mecánico y repetitivo, tal como muestra la maravillosa película de Charles Chaplin, *Tiempos Modernos*. Un ejemplo de esto es que el horario de trabajo suele ser, en promedio, de 9 a 18 horas, pero en lo prescrito no se calcula como parte del trabajo que muchas personas estuvieron en el transporte público una hora para ir y una hora para volver. Es claro que el trabajo prescrito no suma esas dos horas, que, sin embargo, tienen un fuerte impacto en la subjetividad y que son parte del trabajo real.

La brecha entre el trabajo prescrito y el real a partir

de la pandemia se ha agrandado más aún. Dice Dominique Dessors: "El análisis psicodinámico de las situaciones de trabajo apunta a una dimensión específica del desfasaje entre lo prescrito y lo real. La psicodinámica del trabajo se interesa, por su parte, en los procesos intersubjetivos que hacen posible la gestión social de las interpretaciones del trabajo por los sujetos".

Ese desfasaje se vio potenciado por la pandemia. Si bien podemos pensar a priori que los tiempos cronológicos se redujeron por la disminución de los traslados, está comprobado que los tiempos psicológicos de trabajo aumentaron; repercuten en el exceso de trabajo, en los insomnios, en la imposibilidad de cortar, en la respuesta a toda hora, etcétera.

Pensemos también en los trabajadores esenciales que tuvieron que salir a trabajar, tanto a fábricas de productos alimenticios como a plantas energéticas o a hospitales. Realizando los cuidados que tiene que mantener al salir, al trabajar afuera y al volver a su casa. El trabajo prescrito es claro, pero se hizo con una carga extra de sufrimiento: mientras trabajas, piensas en lo que está pasando en tu casa.

Resumo así lo que me dijo un colaborador de una empresa con la que estuve trabajando: "Trabajo en una fábrica de pañales, soy considerado esencial, pero estoy pensando en mi familia en Venezuela. Mi papá tiene setenta años y cree que no se va a contagiar; yo acá en Colombia estoy pensando cómo lo puedo controlar. Si estuviera allá, sería más fácil".

Un líder de Google, al cual asesoro desde Buenos Aires, vive en Zurich. Trabaja desde Suiza reportando a sus jefes en California. Si bien al trabajar para una empresa de fuerte base tecnológica ya experimentaba ciertos fenómenos ligados al trabajo remoto, la pandemia aceleró la inmersión en un continuo de trabajo donde todos están disponibles desde cualquier lugar y a cualquier hora. A los horarios de Europa se suma la amplitud horaria que lo separa de Estados Unidos. "Antes mi trabajo era *full time*, ahora es infinito" —sintetiza.

Al menos en su grupo de trabajo, se empezó a dar por sentado que estando en cuarentena los mails durante el fin de semana se responden con la velocidad de un día de semana habitual.

Según explica Byung-Chul Han (2012) en su obra *La sociedad del cansancio*, en nuestro siglo surge una nueva sociedad de rendimiento compuesta por gimnasios, torres de oficinas, laboratorios genéticos, bancos y grandes centros comerciales. Somos individuos "del rendimiento".

Uno acaba siendo un esclavo, en un estado de extremada violencia contra sí mismo, víctima de un sistema que nos lleva a la autoexplotación, a exigirnos cada vez más, y que nos lleva a la conclusión de que nunca nada es suficiente.

Las empresas, los clubes de fútbol en el caso de los deportistas, y la sociedad, nos imponen sutilmente unas metas que nos esforzamos por alcanzar, pero somos nosotros mismos quienes nos exigimos, en un estado de constante demanda, para llegar a lo establecido.

"El exceso de trabajo y rendimiento se agudiza y se convierte en autoexplotación. Esta es mucho más eficaz que la explotación por otros, pues va acompañada de un sentimiento de libertad. El explotador es al mismo tiempo el explotado", sostiene Byung-Chul Han.

La prioridad es estar activo, atender diversos frentes a la vez, realizar jornadas interminables, alcanzar estándares de calidad, a menudo muy por encima de nuestras posibilidades reales.

Si bien estamos ubicados en una sociedad del cansancio, donde es frecuente el estrés, el *burn out* y hasta la muerte por *karoshi* (exceso de trabajo; por ejemplo, jóvenes que mueren por trabajar ciento sesenta horas semanales). Al mismo tiempo, así como este exceso es poco saludable psíquicamente, termina siendo poco saludable en términos de negocio. A ninguna organización le conviene tener colaboradores fundidos, a punto del colapso, con riesgo de cometer errores de alto costo.

Parece conveniente hablar con la mayor claridad sobre las condiciones de trabajo, intentar achicar la brecha entre el trabajo prescrito y el trabajo real, para evitar que luego lo que se percibe como sobrecarga sea mayor. El único modo de lograr esto es poner en primer plano el contrato de expectativas, explicitar y lograr una zona de acuerdo. Esta zona de acuerdo va a ser más dinámica que nunca, ya que nuestra vida, nuestros intereses, nuestro entorno, serán cada vez más complejos, más dinámicos, cambiantes y más híbridos.

2.5 El "síndrome del impostor" en tiempo de pandemia

> *¿Qué ves?*
> *¿Qué ves cuando me ves?*
> *Cuando la mentira es la verdad.*
> (DIVIDIDOS, *¿Qué ves?*)

Como vimos, la pandemia planteó una doble circunstancia; por un lado, fue un catalizador de los fenómenos que venían impactando en nuestra vida (exceso de trabajo, estrés, etc.) y, por otro, resultó un hecho disruptivo que no solamente afectó la salud física, sino que tuvo un fuerte impacto en la salud mental, con un alto potencial traumático en cada uno de nosotros, cuya duración y alcance aún están pendientes, y cuyo balance final resulta apresurado hacer.

Lo cierto es que, como resultado de este cóctel, recrudecieron como un mal de la época los casos del síndrome del impostor.

Síndrome del impostor es la expresión que se utiliza para identificar a aquellas personas que son **incapaces de sentir sus logros como merecidos**.

A pesar de que los factores externos demuestren que el individuo merece el éxito que ha conseguido, quien sufre este síndrome no puede sentirse competente y cree que sus logros son una mera cuestión de suerte o coincidencia. Este **fenómeno psicológico** fue descubierto en 1978 por las psicólogas Pauline Clance y Suzanne Imes.

El sujeto que sufre este síndrome descree de su propia competencia en ciertos temas o **no entiende por qué le va bien**; el padecimiento es más frecuente respecto de la carrera profesional pero también impacta en la vida personal. Es la **sensación de no estar nunca a la altura de las circunstancias**, de no ser merecedores de lo que lograron, juntamente con un sentimiento profundo de **falta de autenticidad** que suelen tener personas con una exitosa carrera, respecto a su autoimagen de competencia. Los logros no son suficientes para tapar las dudas respecto de sus habilidades.

Este sentimiento de ser "farsantes" les causa la honda preocupación de que se descubran sus verdaderas habilidades y queden como auténticos incompetentes ante los otros.

Algunas de las **posibles causas** son intrínsecas (**falta de seguridad**), falta de confianza, minimización de los logros, maximización de los errores, autoexigencia desmedida. Pero también existen causas externas, más ligadas a la situación del mercado laboral, a la economía, a las posibilidades de conseguir un trabajo mejor o al miedo a perder el empleo.

En este contexto, el coronavirus aceleró la crisis del trabajo, acrecentándola, empujándonos a continuar ejerciendo la autoexplotación, como plantea Byung-Chul Han, provocada por una autoexigencia desmedida.

Aún hay algunos otros ingredientes que se suman a este cóctel peligroso al que debemos prestar atención:

la presión excesiva, el empuje al crecimiento constante, la competencia interna y la actual incertidumbre del contexto pandémico.

Uno de los aspectos más significativos de este síndrome es que las personas sufren más y más presión cuantas más responsabilidades tienen y/o más logros obtienen. Muchas veces esto los lleva a rechazar ascensos y puestos de mayor jerarquía, para no incrementar el sufrimiento.

Este síndrome **es más común en aquellos que están en posiciones de conducción y toma de decisiones** y de los cuales se esperan mejores cosas. El hecho de haber alcanzado una posición reconocida como valorable por la sociedad hace sentir a estas personas la presión de las expectativas de los demás.

Así, partimos de un problema de autoconcepto que choca con los éxitos profesionales logrados.

El éxito, por tanto, no se percibe como algo natural y merecido, sino como una imposición inmerecida y un aumento de la presión social sobre la persona. Esta situación la lleva a activar varios **procesos defensivos**, que derivan en distintos síntomas que, a su vez, impactan en la salud mental.

Diferentes investigadores han ligado este síndrome a otros problemas, como la **depresión**, la baja autoestima, la frustración, la falta de autoconfianza y la imposibilidad de alcanzar altas posiciones sociales, por lo que realmente podría consistir en una manifestación de esta suma de factores vinculados con el éxito profesional.

El síndrome podría tener diversas causas como inicio. Suele radicar en la autoestima del profesional que no posee la suficiente confianza para procesar el éxito como algo positivo. Esto supone el hecho de pensar que no merece los logros obtenidos o que, al haberlos alcanzado, los demás tienen sobre él una perspectiva superior a su verdadera capacidad. Por tanto, **se creen impostores**.

2.5.1 La tipología del síndrome del impostor

- **Los perfeccionistas**. Siempre se puede hacer mejor, y nunca es suficiente. Necesitan tener control sobre todo y sufren por aquello que se escapa de este control. Suelen caer en el *micromanagement* y se angustian excesivamente ante el mínimo error, que, claro está, derivará en el detalle que hará caer toda la carrera como un castillo de naipes.

- **Los expertos**. Creen haber engañado a las organizaciones que los contrataron o los ascendieron, y a la hora de ubicarse para buscar un trabajo se devalúan. Por ejemplo, alguien que tiene las competencias para ser director y busca un rol de gerente junior, ya que no se autoriza a sí mismo.

- **Los individualistas**. No trabajan en equipo o no piden ayuda para no quedar expuestos ante los otros, que se darían cuenta del "fraude" que sienten que son como profesionales. Aquellos que piensan que ya deberían saber todo; es decir que, cuando tienen una tarea, "tienen" que saber hacerla de modo excelente y desde la primera vez. De no ser así, quedaría demostrado que son impostores.

- **Los adictos al trabajo**. Se autoexigen y se sobrecargan de trabajo, y trabajan más y más horas. Se sienten culpables en los momentos de ocio porque piensan que tendrían que estar produciendo, ya que nunca alcanzará el propio esfuerzo para estar a la altura de las expectativas.

Al mismo tiempo, el distanciamiento social requerido acrecentó el aislamiento, el individualismo y la dificultad de contar con el otro como fuente de estima y reconocimiento profesional. Sufrimos el impacto emocional del Covid-19, que adoptó la forma de angustia, depresión, ambivalencia emocional, estrés, etcétera.

2.5.2 Recomendaciones frente al síndrome del impostor en tiempos de coronavirus

- **Reconocer los síntomas**. Poder hacer un buen diagnóstico nos permite saber qué tenemos que resolver. Para eso es importante identificar los síntomas y las causas de padecimiento.
- **Saber que trabajar a distancia no es trabajar sin ayuda**. Puesto que el teletrabajo genera mayor aislamiento —que es una de las condiciones que podrían incrementar el riesgo de sufrimiento—, es posible apelar a diversas técnicas psicológicas que permiten conseguir aliviarlo.
- **Reprogramar el perfeccionismo**. Acotar el perfeccionismo a aquello que realmente agrega valor y no a los detalles. Poner foco en lo importante y no en todo, ya que todo es imposible.
- **Hacer una puesta en valor de nosotros mismos**. Inventariar nuestras habilidades, nuestros esfuerzos y nuestros logros, del modo más objetivo posible, permite fortalecer la autoestima. Muchas veces no queremos reconocer en voz alta nuestras virtudes por temor a aparecer como poco humildes; pero, como dice la canción de Las Pastillas del Abuelo, "[…] *no vaya a confundir / la soberbia con la autoestima*".
- **Reducir los excesos de tiempos de trabajo que trajo la pandemia**. Según diferentes encuestas, las personas que pasaron a realizar *home office* incrementaron la cantidad de tiempo de trabajo. Tenemos un límite de efectividad laboral y no necesariamente trabajar más horas nos vuelve más eficaces. Hoy, el éxito laboral es trabajar saludablemente y lograr el equilibrio entre nuestro tiempo de trabajo y nuestro tiempo de descanso.
- **Aceptar nuevos desafíos**. Renovar —y renovarnos— nos permite poder dejar la zona de confort pero también

la zona de inseguridad. Los nuevos desafíos generan temores razonables y no imaginados. Aprovechar las nuevas oportunidades y los nuevos retos nos posibilita estar más felices con nosotros mismos.

La pandemia afectó nuestra "normalidad" inevitablemente. La posibilidad de hacer un mapa de nuestra vida, ponernos en perspectiva, responsabilizarnos por nuestro recorrido y por nuestros esfuerzos, nos va a permitir sostener los logros y aprendizajes obtenidos, que es un modo de empezar a diluir el síndrome del impostor.

2.6 Un futuro flexible

Como sabemos, hemos vivido varias etapas durante la pandemia. Primero fue algo así como "La verdad, no está tan mal estar en casa; trabajamos, estamos con la familia, nos ahorramos el viaje, hasta tengo tiempo para hacer ejercicio". En segunda instancia, "Estoy trabajando más que antes, no sabíamos lo felices que éramos". Luego, "OK, basta de estar en casa con los chicos, quiero volver a la oficina. Prefiero mi vieja normalidad de estrés. '¿*Home office?*'. Prefiero mil veces los embotellamientos que esto". Cuarta etapa: "El trabajo ideal sería unos días en casa y otros en la oficina, pero eso sí, que vuelvan los chicos a clase".

La pandemia trae la necesidad de volver en parte a la oficina para algunos, para otros nunca más. Algunos quieren volver al centro y otros ya no tienen más ganas de pensar en compartir un viaje en ascensor ni compartir transporte público.

Todos queremos que nuestros hijos vuelvan a la escuela presencial, a interactuar y a ver a sus compañeros, sabemos que la escuela es mucho más que las clases. Algunos trabajadores necesitan volver a interactuar con colegas, con pares, buscando nuevos clientes de modo presencial, cara a cara; otros también, pero quizás de un modo diferente.

Por supuesto que hay —y seguirá habiendo— organizaciones más *old fashion* que requieren ver a sus colaboradores sentados en las oficinas; las mismas que no creían en el teletrabajo antes de la pandemia.

También es cierto que mucha gente añora la oficina y es claro que muchos saldremos de nuestras casas y volveremos a trabajar con otros codo a codo. La diferencia con la pre pandemia es que cambió la expectativa de cada uno de nosotros. Ahora queremos volver a nuestro ritmo, con nuestro tiempo y en nuestros términos. Poniendo, al menos por un tiempo, la salud física y emocional por delante.

Las empresas deberán llevar a cabo adaptaciones, entre otras cosas, para valorizar el trabajo remoto tanto como el trabajo presencial, revalorizar los resultados y el propósito por sobre la cantidad de horas de trabajo, entrenar a los jefes para liderar a personas, grupos y equipos a distancia, para desarrollar canales de comunicación adecuados, adoptar modelos de reuniones híbridas eficientes, y tener espacios de oficinas flexibles y modulares.

Estas adaptaciones para la flexibilidad post pandemia son más fáciles de hacer en las oficinas donde va a trabajar la fuerza laboral altamente calificada. Sin embargo, a veces se habla de flexibilidad y también eso puede significar contratos precarios o un empujón al emprendedurismo sin red.

La flexibilidad funcionó, a la fuerza, cuando fuimos arrojados en masa al teletrabajo durante la pandemia.

Uno de los desafíos que tenemos por delante es que la flexibilidad sea para todas y todos los trabajadores, que sume lo mejor de la "vieja" idea de organización del trabajo y las novedades de la post pandemia. Si no, se ampliará más la brecha entre aquellos que tienen una vida buena y equilibrada, y aquellos para quienes la "flexibilidad" significa la precariedad laboral de los contratos flexibles. Muchas empresas tienen bien claro que aquello redundará en un mejor lugar para trabajar y permitirá potenciar el talento humano.

A partir de la post pandemia, la clave es la **flexibilidad**, tanto de horarios como de lugares, días de trabajo y días de descanso, así como de estructuras y organigramas. Flexibilidad también en el *fit* cultural para promover la diversidad y la inclusión. Para que el trabajo híbrido flexible sea eficaz, tienen que estar en proceso estas adaptaciones; si no, las organizaciones fallarán.

2.7 Del teletrabajo al tecnoestrés

> *Estoy verde, no me dejan salir.*
> *Estoy verde, no me dejan salir.*
> *No puedo largar,*
> *no puedo salir.*
> *No puedo sentir [...].*
> (CHARLY GARCÍA, *No me dejan salir*)

Definimos el teletrabajo como forma de trabajo a distancia sin la necesidad de ir físicamente al lugar donde la empresa desarrolla su tarea. La particularidad del teletrabajo es el uso de TIC, es decir, tecnologías de la información y la comunicación. El teletrabajo ya se venía desarrollando desde hace tiempo, pero tuvo un impacto exponencial en la pandemia y es uno de los modos valorados de realización de la tarea, que nos deja en la era post Covid.

Ya en 2002, la comisión de la Unión Europea hablaba de cuatro tipos de teletrabajadores:

- teletrabajadores frecuentes que están empleados y que trabajan en su casa y en las oficinas de la empresa alternadamente;
- teletrabajadores autónomos, que desarrollan su tarea habitualmente desde su casa.

- trabajadores "móviles", es decir, aquellos que pasan más de diez horas por semana fuera de las oficinas o de su casa, en viajes de negocios o visitando locaciones de clientes, y que utilizan la conectividad para hacer su tarea desde esos lugares;
- teletrabajadores ocasionales que, al igual que el primer grupo, teletrabajan desde su casa con una frecuencia menor de diez horas semanales.

No hay duda de que el teletrabajo es una práctica beneficiosa en muchos sentidos para los trabajadores (fundamentalmente por la comodidad y la autonomía) y para las organizaciones de trabajo (por el ahorro que implica). Pero el empuje al teletrabajo dado durante la crisis pandémica conllevó aspectos negativos particulares de esta práctica que ya está instituida.

Me refiero al tecnoestrés, que fue inicialmente definido en 1984 por el psiquiatra norteamericano Craig Brod, en su libro *Technostress: The Human Cost of the Computer Revolution*. Lo definió como "una enfermed<ad de adaptación causada por la falta de habilidad para tratar con las nuevas tecnologías del ordenador de manera saludable". Una definición más actual es la de la doctora en Psicología Marisa Salanova (2003) en *Trabajando con tecnologías y afrontando el tecnoestrés: el rol de las creencias de eficacia*: "Un estado psicológico negativo relacionado con el uso de TIC o amenaza de su uso en un futuro. Ese estado viene condicionado por la percepción de un desajuste entre las demandas y los recursos relacionados con el uso de las TIC, que lleva a un alto nivel de activación psicofisiológica no placentera y al desarrollo de actitudes negativas hacia las TIC".

Al mismo tiempo, el tecnoestrés tiene varias dimensiones: la tecnofatiga (agotamiento mental derivado del uso de TIC), la tecnoansiedad (tensión incremental por el uso de TIC), la tecnoadicción (una dependencia patológica del uso de las TIC como, por ejemplo, el celular o la computadora) y la tecnofobia (el malestar por el uso frecuente de las TIC —un ejemplo claro es la "zoomfobia"—).

En este sentido, el tecnoestrés tiene síntomas asociados, tales como ansiedad, dificultad para concentrarse, tensión psicofísica, cansancio mental, insomnio, etc., que tienen a su vez impacto negativo en la tarea, y que generan frustración, porque se requiere más cantidad de horas para desarrollar el trabajo, de modo que se vuelve un círculo vicioso.

La sobrecarga del uso de tecnología, la invasión de la tecnología en todos los momentos, más allá del trabajo, en la vida laboral y en el ámbito privado, impide delimitar el tiempo de trabajo y el tiempo de descanso. Los cambios constantes en la tecnología y la necesidad de estar siempre *aggiornado* a las últimas innovaciones por temor a "perder el tren"; la complejidad de las nuevas tecnologías —que puede generar sentimientos de incompetencia—; el temor de ser reemplazados por la tecnología debido a la automatización de los procesos. Los cambios tecnológicos constantes generan, tanto incertidumbre a la hora de desarrollar la tarea, como imposibilidad de suspender el uso de la tecnología y la tecnosobrecarga: son algunos de los posibles tecnoestresores que tienen un potencial impacto negativo en la salud mental de los teletrabajadores.

El teletrabajo llegó para quedarse y es por eso necesario prevenir los riesgos psicosociales que pueden impactar en la salud de los trabajadores, desarrollando estrategias de desconexión y desintoxicación tecnológica, para que la tecnología no nos enferme. Es necesario revisar el uso y evitar el abuso que hacemos de ella para no quedar atrapados. Para que usemos la tecnología y no para que la tecnología nos use a nosotros.

3. Las organizaciones ante la realidad híbrida

Dame la mano.
Y vamos a darle la vuelta al mundo.
Darle la vuelta al mundo.
Darle la vuelta al mundo.
(CALLE 13, *Darle la vuelta al mundo*)

Como hemos visto, con el trabajo desde casa incorporado como una posibilidad creciente, la pregunta ya no parece ser si las organizaciones van a dejar que sus equipos continúen trabajando en forma remota, sino simplemente en qué medida se dará esa realidad inexorable.

Es decir, los empleados ya fueron planteando durante el año de la pandemia ciertas incomodidades, pero también ciertos beneficios asociados a trabajar desde casa. Y querrán tener algunos días en los cuales sí retornen "al mundo anterior", a la oficina, pero otros en los cuales no se trasladen y puedan trabajar desde sus hogares. Ahora ya más como algo elegido que como algo impuesto. Crece, se consolida, la realidad híbrida que empezaba a asomar pre pandemia y que se generalizó a nivel global.

La pandemia puso un elemento más como mediador entre las personas que trabajan en equipo. Precisamente, los equipos. Los tecnológicos. La infraestructura, las computadoras, la conectividad y especialmente la carencia de todo ello en un nivel de calidad necesario para poder trabajar con pocas interrupciones, también se han puesto más en evidencia. La infraestructura es hoy parte de las necesidades primarias para poder desarrollar la tarea con efectividad.

Este aspecto nos lleva a pensar en las diferencias que hay entre las personas y las posibilidades que tienen según su contexto personal —que, como vimos, pasó a ser el lugar de trabajo—, entre las empresas, pero también las desigualdades entre ciudades y regiones de un mismo país y, por supuesto, entre países.

En mayo, en plena cuarentena estricta, participé en la Argentina de una reunión de planificación de objetivos y reseteo de expectativas. Dada la nueva situación de prolongada restricción de movilidad, estábamos en una conferencia virtual, y una de las demandas expresadas por uno de los colaboradores fue que estaban en un lugar del país en donde no había conectividad.

Al finalizar la reunión, el jefe me dice, enojado: "¿A vos te parece? Estuvimos más de media hora hablando de esa localidad en la que no hay conectividad". Y sí. Había que hablarlo. Y volvió a suceder lo mismo, en relación con otros pueblitos entrañables de la Argentina.

Hoy parece una obviedad, pero al comienzo quizás no haya sido tan fácil digerir que esa situación personal repercute directamente en el desempeño y que es parte de los nuevos temas de la empresa y del líder con su equipo. Para esa persona, en esa pequeña localidad, no tener conectividad es básico; sin conectividad no puede obtener buenos resultados. Entonces, es parte del rol del jefe proveer servicio para que los colaboradores puedan llevar adelante su tarea, sin tener que distraerse y ocuparse de si hay o no conectividad, si la computadora funciona, etcétera. Fue necesario levantar ciertas barreras organizacionales, cambiar algunos enfoques, para que cada uno pudiera dar lo mejor de sí mismo.

Se hicieron evidentes, a partir de la pandemia, la necesidad de colaborar unos con otros y lo negativo de las competencias internas.

Hace algunos años trabajé en una organización donde mi jefe me ponía a competir con otro par, y obviamente obtenía lo mejor de mí, individualmente. Pero cuando me dijo "cooperen", yo le dije "no, nosotros no cooperamos, nosotros somos enemigos". El peligro de la lógica de competencia interna "divide y reinarás" de algunos jefes genera enemigos internos, con el riesgo de construir una organización tóxica.

Se hace necesaria, más que nunca, la consistencia de un liderazgo organizacional que esté atento a estas circunstancias. Aquel que ocupa el rol de líder en la organización es visto como su representante, y es determinante en lo que tiene que ver con el clima laboral, con el compromiso y con las ganas de permanecer y trabajar. El líder es, en algún punto, el más mirado. De los jefes se habla. ¿Dónde se habla? Se habla en el chat. Muy probablemente haya un chat en el que el jefe no esté y en el que se hable de él. De la misma manera que se hablaba en el café o en el pasillo, hoy alcanza con un comentario, un emoji, un chiste en el chat.

En las familias de los colaboradores se habla del jefe, se habla con los amigos, se habla con los psicólogos. El problema no es que se hable del jefe, sino qué se dice. Como líder, uno tiene que ser consciente de su estilo de liderazgo. Es oportuno preguntarse "¿el estilo de liderazgo que tengo es realmente el liderazgo que quiero tener?". Lo que provoco en mi equipo, ¿es lo que yo quiero provocar? ¿Cómo sé de este liderazgo consciente, cómo soy consciente de mi liderazgo?

Cada uno de nosotros tiene una definición de liderazgo que está basada en nuestras historias, en nuestras creencias, en nuestras vivencias. Es cierto que no es lo mismo ser jefe que ser líder. El liderazgo es como el tango, se baila de a dos. Es un rol otorgado y asumido; otorgado por la organización, pero sobre todo por el equipo, y asumido por la persona que encarna el liderazgo.

Lo primero es construir la relación, más allá de una designación formal. Se trata de construir el vínculo, de entender quién es ese otro. Aunque no tengo que ser el psicólogo, tengo que saber quién es el otro. Es necesaria la empatía para salir de mi lugar y tener ganas de conocer a ese otro, desde sus modelos mentales, para poder construir una relación. Porque después de todo, el liderazgo es una relación entre dos o más que hay que cuidar, mantener y desarrollar.

Los líderes no solamente tienen que tener atributos de liderazgo, sino que también tienen que obtener resultados, sobre todo en el mundo organizacional. Si en el mundo organizacional un líder que tiene los atributos, es empático, carismático, etc., pero no obtiene los resultados esperados, van a decir "sí, es una buena persona, pero necesitamos que obtenga resultados". Lo mismo, alguien que obtenga resultados "a como dé lugar" tampoco será un líder; en todo caso, será un jefe. Antes se pensaba que el liderazgo era de arriba hacia abajo de un modo verticalista, pero ya no es así.

Pensemos que ahora, en pandemia, cada uno tiene un contexto diferente. Hay personas que tienen a dos chicos saltando cerca, que se les cruzan en medio de la reunión, personas que viven en un monoambiente. Nosotros atravesamos la intimidad y esto es movilizante. Hoy el liderazgo se piensa en 360°. Yo tengo que liderar a mis pares, tengo que liderar a mis clientes, tengo que liderar al sindicato, tengo que liderar a los proveedores. Y también —por qué no decirlo— me tengo que conocer para liderarme a mí mismo.

Después de 2020, nos quedó claro que todo esto deberá ser también a la distancia, en un mundo virtual, o en un mundo híbrido (presencial-virtual), con distancia física, pero emocionalmente cerca.

Liderar en términos de influir, significa también influir sobre mi jefe, presentarle mis dudas, presentarle mis ideas, mostrarle lo que hago. Cada vez más, el liderazgo requiere trabajar en equipo, sorteando la barrera de la distancia.

El trabajo en equipo es necesario porque es un buen negocio para las organizaciones. En la medida en que el todo, que podemos construir, es más que la suma de las individualidades.

3.1 Zoom a los aprendizajes post pandemia

El liderazgo puede ser enfocado como relación y también como servicio. Tenemos el liderazgo situacional y de la diversidad, en un contexto en el que cada vez más las organizaciones y los consumidores requieren diversidad.

A partir de la huella de la pandemia en la cultura organizacional, es necesario revisar nuevamente los valores de las organizaciones.

Para pensar este punto, quiero retomar el tema del amor relacionado con el reconocimiento y la actividad profesional. Y para hacerlo, quiero compartir una experiencia personal: Cuando recién daba mis primeros pasos profesionales, tuve un jefe que tenía chofer. Una vez el chofer me dijo "No sabés cómo te quiere Gustavo a vos". Yo me sorprendí. "¿En serio? Mirá que nunca me dijo nada", le respondí. "Sí, sí, te quiere un montón", me dijo, y me fui a mi casa contento.

Me duró poco esa alegría. Porque yo no quería que él me quisiera, quería que me dijera en qué era bueno, qué tenía que mejorar, qué potencial tenía, o si quizás me había equivocado de carrera.

Todos —obviamente todos—, queremos que nos quieran. Pero en la relación laboral se juegan otras cosas. En el trabajo no necesariamente aparece esta lógica del amor. En el amor queremos que nos quieran por lo que somos. En el trabajo necesitamos que nos reconozcan por lo que hacemos.

Lo que se juega en el trabajo tiene más que ver con el reconocimiento que con el amor, y el reconocimiento tiene que ver con lo que hacemos, con la tarea.

Las personas no necesitan que las queramos, sino que las reconozcamos por aquello en lo que son buenas, que les señalemos aquello que tienen que mejorar en lo que respecta a la tarea. Si además me quieren, genial, pero lo que uno busca es reconocimiento profesional en el trabajo.

Para obtener lo mejor del equipo y de cada colaborador, es necesario también reconocer, orientar, analizar cómo conseguir lo mejor de cada uno, y eso está en este plano de reconocer qué hace el otro, cómo lo hace.

Aclaro esto porque a veces se confunde ese reconocimiento, esa cercanía, con tener cierta complicidad o afecto.

El gerente de una empresa en la cual hice consultoría, me comentaba que el CEO de la empresa le hablaba en confianza de cuestiones personales, pero él no sentía que reconociera su trabajo. "Yo quiero que me reconozca, no que me hable de mujeres" —me dijo, sintetizando la situación.

Planteo todo esto porque se mezclarán cuestiones de afectos y reconocimientos, de necesidades básicas y complejas, de las respuestas que dieron las organizaciones a sus colaboradores durante la pandemia.

La pandemia dejará una huella en la memoria colectiva. Los empleados y colaboradores de las empresas van a tener presente —y lo van a comentar— cómo lo trató la empresa, cómo se comportó con los empleados que eran población de riesgo, si se sintieron cuidados, si fueron escuchados por su jefe directo, si hubo algo más allá de la manta con el logo, la silla ergonómica y las actividades de *mindfulness.*

Habrá, sin dudas, una mirada en detalle sobre cómo se han comportado las empresas, un *zoom* de acercamiento a cada detalle de las respuestas durante los momentos de mayor dificultad e incertidumbre.

3.2 La transformación digital y el cambio cultural

La transformación de las empresas al incorporar el mundo digital y la propia transformación de los procesos de las compañías tuvieron, en 2020, una aceleración notable debido a la pandemia. Al mismo tiempo, las empresas que ofrecían productos y servicios basados en la idea del consumo on line y en el entretenimiento virtual, registraron un crecimiento mayor de lo esperado. Son conocidos los casos globales de Netflix, Amazon y el regional de Mercado Libre.

Más allá de eso, las empresas de diferentes dimensiones y muchas industrias han acelerado su transformación digital.

En este contexto, aparece el desafío de gestionar equipos virtuales. El desafío es aún mayor específicamente a la hora de armar los equipos y fortalecerlos.

A mediados de 2020 realizamos actividades en una empresa multinacional de consultoría, para "reemplazar" de alguna manera el espacio de la máquina de café y el clima de intercambio informal que allí se desarrolla, lo que en Argentina o Uruguay se da también en el momento del mate, esos espacios a media mañana o a media tarde, para hacer una pausa y compartir diálogos más relajados. En estos espacios aparecen el humor, la complicidad, las miradas, las bromas, que permiten incluso plantear temas de trabajo de otra manera.

Debo reconocer que si bien los *happy hours* virtuales que hemos realizado fueron útiles, no son lo mismo que aquellos momentos que parecen lejanos. Aun cuando la vacunación en 2021 haya avanzado lo suficiente, el intercambio del mate tal cual lo usamos en Sudamérica, compartiendo la misma bombilla, difícilmente vuelva igual que en la pre pandemia.

También aparecen desafíos a futuro que podrían tomar buenas prácticas de motivación originadas en la virtualidad, y que deberán perfeccionarse tomando como avance la finalización de la pandemia, así como los menores riesgos, pero también teniendo en cuenta las aversiones, los miedos y los traumas —de mayor o menor grado— que hayan quedado de los momentos dramáticos de la pandemia.

3.3 Cultura organizacional

> *Dime cómo tratas a tus empleados*
> *y te diré en qué tipo de*
> *compañía estás.*

Existe un antes y un después del Covid-19 en las empresas y organizaciones, una marea de cambios que impactan de manera determinante en la **cultura organizacional**, es decir, los procesos, las estructuras, los valores, las estrategias, las creencias y los sentimientos inconscientes de una organización.

Este cambio impactó en el estilo de liderazgo, en los comportamientos y hasta en la valoración del propio trabajo dentro de la organización. Desde aquellas empresas que controlaban la cantidad de "horas/silla" que ocupaba un/a colaborador/a, los cambios se aceleraron.

La pandemia aceleró la transformación digital a empujones, aunque muchas veces sin contemplar la calidad de vida de los trabajadores. Este salto transformador que impactó en la cultura organizacional no tiene vuelta atrás. Fue eficaz en la pandemia para muchas organizaciones. El teletrabajo y la menor presencia física obligan a revisar sus modos de gestión. Sin este cambio cultural post pandemia es imposible desarrollarse y crecer. Casi podríamos decir que la pandemia no permitió la resistencia al cambio, tuvimos que surfear el cambio y ya. Provocó la revisión de varios paradigmas al interior de las organizaciones, así como los modos de "hacer". Fue necesario transformar la cultura para sobrevivir.

Como menciona el historiador Yuval Noah Harari: "Se preveía que los cambios radicales en el mercado laboral llevarían 10, 20 o 30 años, pero el Covid-19 está acelerando el proceso. Hay sectores enteros que se están hundiendo o desapareciendo. Ahora bien, surgirán nuevos puestos. El problema radica en disponer de las actitudes necesarias para llevar a cabo las tareas que implican dichos puestos de trabajo nuevos" —dijo el académico israelí en noviembre de 2020, al inaugurar el Foro Telos 2020 organizado por la Fundación Telefónica.

Y agregó: "Como no podemos predecir el futuro, no podemos saber cómo será el mercado laboral en 2040 y, por lo tanto, no podremos formar a los niños de hoy en día con las aptitudes que se requerirán para entonces. Es necesario estar en constante formación y reinvención. Una y otra vez. Y esto constituirá una carga enorme. Pensemos que tenemos que volver [a empezar] a los 40 años, luego a los 50 y de nuevo a los 60". El costo en términos de subjetividad y movimiento psíquico de estos cambios constantes, sobre todo en el mundo del trabajo, son abrumadores para muchos, y un gran desafío de adaptación a lo que va a venir para muchos.

3.4 El *feedback* en la virtualidad y la nueva comunicación

> *Quiero que me escuches y que te abras.*
> *Le estoy hablando, hablando, hablando a tu corazón.*
> (CHARLY GARCÍA / PEDRO AZNAR, *Hablando a tu corazón*)

Desde el saber popular las palabras quedan, lo dicho tiene un efecto contundente sobre las personas y las organizaciones. Una vez que comunicamos algo a alguien, no podemos retractarnos sin costo. Es por eso que creo interesante desmenuzar algunos conceptos sobre la comunicación, para intentar trabajar sobre ellos, precisamente en estos tiempos en los cuales la intermediación de la tecnología suma posibilidades y también nuevas barreras; permite estar conectados pero con menos calidad en la comunicación debido a la falta de cercanía real, sin la información que brindan la mirada directa, el cuerpo y sus posturas, la gestualidad y las reacciones de un grupo en simultáneo; sin todas las sensaciones que se producen en el intercambio de un grupo reunido que trabaja y crea en conjunto.

El primer problema relacionado con la "comunicación" se presenta al revisar las relaciones entre las distintas acepciones que ofrece el diccionario de la RAE para esta palabra, cuya raíz etimológica proviene del latín (*communicatĭo,-ōnis*). La RAE define *comunicación* como:

1. f. Acción y efecto de comunicar o comunicarse.
2. f. Trato, correspondencia entre dos o más personas.
3. f. Transmisión de señales mediante un código común al emisor y al receptor.
4. f. Unión que se establece entre ciertas cosas, tales como mares, pueblos, casas o habitaciones, mediante pasos, crujías, escaleras, vías, canales, cables y otros recursos.
5. f. Cada uno de estos medios de unión entre dichas cosas.
6. f. Papel escrito en que se comunica algo oficialmente.

A su vez, según la Academia, etimológicamente, el verbo *comunicar* significa diálogo, intercambio, puesta en común, reciprocidad, comunión. Por otra parte, *comunicación* deriva de la raíz latina *communis*; es decir, la puesta en común de algo con otro. La misma raíz de comunidad y de comunión. De este modo, la palabra *comunicación* expresa algo que se comparte, se tiene o se vive en común, con otro.

Nos interesan, en especial, las acepciones del término que se refieren al trato, al vínculo que se establece a través de la comunicación, más que aquellas que la definen como el acto de informar o emitir. Habrá comunicación efectiva entre dos personas cuando se logre establecer un puente de significados compartidos. Por lo tanto, será fundamental trabajar con el otro en la construcción de ese puente. Tengamos en cuenta que en el proceso de comunicación sucede cierta cantidad de ruido que tiende a deformar, distorsionar y alterar, de forma imprevisible, los mensajes transmitidos.

La pandemia, además, agregó la variante tecnológica. Dificultades en la conexión, decisión de prender la cámara de video o solo participar de reuniones usando micrófono, observando a los demás pero sin mostrarse, sin exhibir el lugar en el que uno está.

Por nuestra experiencia cotidiana, sabemos que, en principio, las barreras más difíciles de levantar son las que tienen que ver con las personas, con el llamado "factor humano", con las diferencias entre dos o más sujetos en función de la polisemia de las palabras, la diferencia de percepción y los distintos modelos mentales.

Entendemos que la percepción es un proceso selectivo —en principio, inconsciente, y luego, solo una parte se vuelve consciente—, y subjetivo, ya que lo que percibimos, lo que dejamos de percibir, así como el significado que damos a la información, depende de aspectos internos y externos propios del recorte que hace cada uno de la realidad.

El mensaje —y el significado que le otorgamos al acto de comunicación— dependerá de la subjetividad de la percepción puesta en juego por el emisor y por el receptor.

Uno de los fenómenos comunicacionales más importantes es, sin duda, el malentendido. En principio, el malentendido podría definirse como una disfunción propia del proceso de comunicación, en donde dos o más personas, que suponen compartir significados y sentidos, desconocen que existe una divergencia de interpretación. La divergencia interrumpe el entendimiento de lo comunicado, pero subyace como premisa básica, una ilusión de entendimiento. La comunicación incluye básicamente un malentendido allí donde creemos que nos estamos entendiendo. Es en este sentido que, tanto el uso del tapaboca como los diferentes medios de comunicación digital, tienen una mayor potencialidad de malentendido, ya que la comunicación está limitada. En su investigación sobre comunicacion, Albert Mehrabian descompuso el impacto de un mensaje en términos porcentuales asignándole un 7 % del impacto verbal (las palabras), un 38 % vocal o paraverbal (tono de voz, matices y otras características) y un 55 % corporal (señales y gestos).

La idea de organización parte del descubrimiento de que el hombre solo no puede satisfacer sus necesidades y deseos; es en la medida en que se coordinan y cooperan unas personas con otras que pueden lograr resultados que cada uno por sí solo no alcanzaría. En este sentido, compartir información genera herramientas para que los miembros de la organización puedan tomar mejores decisiones. La comunicación eficaz es la herramienta que les facilita alcanzar las metas individuales y colaborar en los logros de la organización.

La organización es una red de diálogos, de comunicaciones, redes coordinadas de individuos que se comunican y cooperan. Con el paso del tiempo pueden convertirse en sistemas sociales más o menos estables, ya que la organización humana es un proceso adaptativo y continuo. Es un hecho que las organizaciones efectivas no son totalmente estables; una de sus características propias es un balance productivo entre la estabilidad y el cambio, o más bien, la adaptabilidad a los cambios.

Mediante la comunicación las personas crean, intercambian y responden a significados. Significados dados a través de los distintos mensajes que les permiten obtener información de sí mismos y de los otros, mediante la retroalimentación que reciben, y que, a su vez, permitirá orientar sus pensamientos y sus acciones respecto de los demás. La información puede proporcionar cierta capacidad de predicción y reducir la incertidumbre acerca de las elecciones que deben hacer los individuos para cumplir sus metas.

Como sabemos, la pandemia modificó de forma sustancial los modos y las pautas de intercambio interpersonal e interacción social, lo que tiene una influencia considerable en los modos de comunicación. Ahora bien, las relaciones interpersonales se basan en el cumplimiento mutuo de necesidades y expectativas. Cada uno de nosotros espera ser tratado por el otro de una forma específica. La clave para establecer relaciones efectivas es clarificar estas expectativas a través de comunicaciones seguras, de manera de poder orientar las acciones de acuerdo con esas necesidades y expectativas mutuas. Estas expectativas —o contrato psicológico— que se establecen en toda relación interpersonal, no se mencionan en general hasta que son violadas. Cada uno de nosotros puede creer que el otro sabe lo que se espera de él sin que se le diga, y esto constituye una de las bases de los conflictos interpersonales. Además, en una relación interpersonal las expectativas cambian continuamente, haciendo más compleja la adecuación. Como primer paso, se debe priorizar el conocimiento de las expectativas de los otros, algo fundamental para mejorar las relaciones interpersonales. Cuando alguien no cumple con las expectativas, el otro se siente decepcionado, y la calidad de la relación se siente amenazada. El no cumplimiento de esas expectativas genera en los otros interpretaciones mal asignadas y que, en general, son negativas. Se determina que la persona no cumple por pereza, simplemente porque es incapaz, o por intencionada falta de cooperación. Estas interpretaciones estereotipadas debilitan la credibilidad de los comunicadores y generan desconfianza en la relación.

Cuanto más se falle en el cumplimiento de esas expectativas, mayor será el debilitamiento de la relación. La manera de evitarlo es reconocer cuáles son las de cada uno y llegar a un acuerdo respecto de las del otro. Por ello, la comunicación también es una negociación, que produce en las relaciones interpersonales efectivas contratos psicológicos claramente comprendidos y acordados. Los comunicadores efectivos no solo están conscientes de sus expectativas acerca de cada uno, sino que también trabajan para buscar información nueva y actualizar continuamente sus percepciones respecto de estas. Siendo sensibles a las necesidades cambiantes de las personas, se pueden actualizar sus expectativas y renegociar los contratos implícitos. Los comunicadores efectivos tratan de explicitar este contrato, dando y buscando continuamente una retroalimentación interpersonal, que les permite hacer crecer la relación con el otro.

Cada vez que nos comunicamos con otra persona, estamos afectando de alguna manera la relación que se tiene con ella. Mientras los comportamientos sean acordes a las expectativas que la otra persona tiene, la relación se podrá fortalecer. Si los comportamientos no lo son, podrían impactar negativamente en la otra persona y debilitar el vínculo.

En la comunicación con otros, asumimos determinados supuestos, tales como pensar que las propias creencias son verdades absolutas reveladas. Incluso suponemos que estas verdades deberían ser "obvias" para cualquier persona medianamente "inteligente y bien intencionada". La percepción subjetiva y selectiva que describimos anteriormente, en este caso, se da por válida y real, y presuponemos que los datos seleccionados nos permiten describir exactamente la realidad.

Es oportuno revisar estos supuestos, más aún luego de un suceso tan disruptivo como es la pandemia. Las creencias son un estado mental dotado de un contenido representacional y susceptible de ser tenido por verdadero o falso; por tanto, así como los supuestos, se subordinarán al propio sujeto. Entonces, esta "verdad" ya no dependerá de la inteligencia o de la buena intención del otro, sino más bien del modo en que sea percibida esa realidad, que de ninguna manera podrá contemplar todos los datos, ni toda la información posible. Esto es necesariamente así porque los datos seleccionados son resultado de la propia experiencia y no de la realidad como un todo.

3.4.1 El "efecto Pigmalión" y los riesgos de *taggear* a las personas

El experimento realizado por Robert Rosenthal y Lenore Jacobson en 1968 —que se conoce como "efecto Pigmalión"— demuestra cómo las expectativas y juicios de los profesores sobre el mejor desarrollo de determinados alumnos efectivamente darían lugar a ese mayor rendimiento esperado. El estudio consistió en comunicar a un grupo de docentes que a sus alumnos se les había realizado un test de inteligencia y se les informó cuáles habían obtenido los mejores resultados. Les comunicaron que esos alumnos tendrían indudablemente un mejor rendimiento en su carrera escolar. Ocho meses más tarde, el resultado fue que aquellos señalados mejoraron llamativamente su rendimiento. Lo importante del experimento es que en realidad no existió ningún test y los alumnos señalados fueron elegidos de modo aleatorio.

A partir de este ensayo, se observó cómo los alumnos sobre los que se habían planteado altas expectativas y juicios de valor positivos habían incrementado considerablemente su rendimiento. Los resultados del experimento reflejaron el poder de los juicios y de las etiquetas que se les colocan a los sujetos y cómo estas impactan en el comportamiento y en el desarrollo. Se demostró cómo la información recibida por los profesores —en este caso los representantes de la autoridad en el colegio— condicionó su comportamiento de tal manera que se convirtieron en causa y medio del resultado profetizado.

El riesgo es etiquetar —en un contexto habituado a etiquetas y hashtags— a "taggear" a las personas. Precisamente porque el trato diferenciado genera una respuesta diferenciada. Esto se ha denominado "efecto Pigmalión". Tal circunstancia es perfectamente extrapolable al mundo de las organizaciones de trabajo, y puede generar realidades de trabajo positivas o negativas, de acuerdo a cómo sean las expectativas y los juicios que se ponen en juego.

Finalmente, la comunicación es un proceso compuesto por una infinidad de elementos que interactúan de manera simultánea, con diferentes intereses. Entre ellos están los mensajes a los que reaccionan las personas; los significados que estas crean activamente, el tiempo y el lugar de la comunicación, las relaciones establecidas entre los comunicadores, sus experiencias pasadas, los propósitos que tienen para comunicarse y los efectos de la comunicación, que luego influirán de un modo trascendente en el trabajo de las personas dentro de la organización. Es indudable que los nuevos modos de comunicación que trae la pandemia requieren una nueva dinámica de adecuación individual y organizacional.

A esto se suma el desafío de brindar *feedback*, de intercambiar ideas, información y sensaciones, sumando preguntas específicas sobre los momentos vividos en la pandemia, para sumar esos aprendizajes a la hora de reorientar las metas y ajustar los vínculos. Todo esto, además, en medio de una tendencia creciente de reuniones virtuales. Un desafío al cual los líderes —quieran o no— estarán cada vez más expuestos y cuya elaboración será cada vez más importante para el funcionamiento de las organizaciones, en especial cuando del trabajo virtual se trate.

3.5 Lo esencial del trabajo híbrido

El trabajo es una de las variables humanas más transformadas en la pandemia. Las empresas y sus empleados se ajustaron a nuevos modos de organización del trabajo. Entre ellos, el trabajo virtual, las diferentes restricciones del trabajo esencial, etc. Pero el cambio más destacado es el trabajo híbrido, que alterna entre el hogar y la oficina.

Así como en la pre pandemia el trabajo en Google o en Apple podría ser un paradigma dominante, así como en el siglo pasado fue trabajar, por ejemplo, en Ford Motors, el modo de organización del trabajo que deja la pandemia como paradigma dominante, como aspiracional para muchas empresas y muchas personas, es el trabajo híbrido.

Hemos visto que para las personas que trabajan en oficinas, el trabajo remoto era pensado como una oportunidad de mejorar el equilibrio entre la vida personal y la vida laboral. Y así fue implementado gradualmente en algunas empresas.

No obstante, se evidenció en la pandemia que el teletrabajo provocó en algunos casos aumentos de productividad, en otros de fatiga e irritación y, en ambos casos, un abanico de combinaciones posibles. Esto sucede, en buena medida, por la dificultad que significa no poder diferenciar el tiempo de trabajo y los otros aspectos de la vida.

La dificultad de desconectar provocó agotamiento, estrés y diferentes trastornos de ansiedad, producto del *home office*. Una suerte de intoxicación tecnológica en varios casos.

Se puso en evidencia que la productividad no es el único valor del trabajo. El contacto con otros, la colaboración y el trabajo en equipo aportan pertenencia, involucramiento y satisfacción en los trabajadores.

Es por eso que el modelo de trabajo híbrido se evidencia como un modo de organización del trabajo que seguirá luego de la pandemia. Un modo de organización que apuesta a la autogestión y el empoderamiento de las personas y los equipos, que permita decidir, no recorrer largas distancias todos los días, aprovechar lo mejor de la tecnología y favorezca la autonomía, la interacción entre las personas y los equipos colaborativos presenciales, de acuerdo con las necesidades del negocio.

Según revelan algunas encuestas realizadas en 2021, si las personas, pudieran elegir preferirían en su mayoría el trabajo híbrido, es decir, trabajar desde sus casas y excepcionalmente ir a la oficina para reuniones puntuales. La filial argentina de Adecco reveló en un informe difundido en marzo de 2021 que un 45 % de los empleados entrevistados extraña la relación laboral cara a cara. Y que si bien al comienzo de la pandemia trabajan más desde sus casas que en las oficinas, en más de un año de aprendizaje los trabajadores se acomodaron y lograron organizarse para no trabajar más que cuando estaban en la oficina full time. El 50 % aceptaría trabajar con un modelo híbrido que combine momentos de casa y de oficina[9]. Según una encuesta de Boston Consulting Group (BCG), el 89 % de

---

9 https://www.iprofesional.com/management/335622-teletrabajo-a-cuantos-empleados-les-gustaria-volver-a-la-oficina

las personas tiene como expectativa trabajar en modalidad remota después de la pandemia[10]. Quienes prefieren solo trabajar desde casa o solo desde la oficina no son la tendencia mayoritaria. Son el 19 % y el 6 %, respectivamente, según una encuesta de la consultora Randstad difundida a comienzos de 2021 y que refleja —sumándose a la tendencia que se consolida en diferentes países y según diversos informes— que el 47 % de los trabajadores elige un esquema híbrido[11].

Estos resultados sostienen que, en caso de poder elegir, la mayoría de las personas preferiría el modelo híbrido de trabajo, que les posibilite solamente dos o tres días a la semana en la oficina y el resto en sus hogares, o donde ellos decidan.

Lo llamativo de las encuestas mencionadas es que el deseo del trabajo híbrido no es exclusivo de las personas que desarrollan tareas que se pueden hacer de modo remoto, como los trabajadores del conocimiento, IT, etc., sino también de aquellos cuyas tareas exigen el contacto con clientes o el manejo de bienes físicos. "Este último grupo manifestó que querrían contar con la posibilidad de trabajar ocasionalmente de manera remota[12]". Los días de oficina pasarán a ser algo diferente a la anterior rutina repetitiva.

Deberá entonces justificarse claramente el traslado, tener más sentido el encuentro cara a cara, lo que plantea un nuevo desafío para los líderes y sus equipos. Claro que no todas las organizaciones ni todos los equipos están naturalmente preparados para instrumentar el cambio.

Tomando en cuenta la variedad de combinaciones de trabajo presencial y a distancia, ha cambiado cierta idea so-

---

10 <https://www.semana.com/finanzas/trabajo-y-educacion/articulo/trabajo-remoto-casi-90-de-personas-espera-seguir-laborando-desde-la-casa/202158/

11 https://www.ambito.com/informacion-general/el-47-encuestados-prefiere-repartir-home-office-presencial-n5164480

12 https://www.semana.com/finanzas/trabajo-y-educacion/articulo/trabajo-remoto-casi-90-de-personas-espera-seguir-laborando-desde-la-casa/202158/

bre la conformación de los equipos. Se piensa en equipos híbridos, para una concepción flexible del ámbito del trabajo.

Esto implica un derivado de aquel cambio traumático que ya analizamos, y es recomendable trabajarlo como un nuevo desafío que nos deja la pandemia. Nace así una nueva era: la gestión de equipos híbridos.

3.5.1 *Google post pandemia: incluyó "home office" en su buscador y proveyó sus respuestas*

Me interesa ocuparme de Google porque de algún modo se trata del paradigma dominante de empresa, el espejo idealizado en el que muchas personas y organizaciones se miran, así como lo era Ford Motors en la Revolución Industrial. Pareciera que luego de implementar la salida total de las oficinas y a un año de decretada la pandemia, la empresa Google hubiera incluido "*home office*" en el tradicional buscador; es decir, han encontrado internamente las respuestas en cómo les funcionó la virtualidad dentro de la propia organización. Las conclusiones fueron presentadas por la Jefa de Cultura —Chief Culture Officer— Stacy Savides Sullivan.

Quiero destacar algunos aspectos de las nuevas políticas anunciadas para ser implementadas desde septiembre de 2021, especialmente los referidos a las oficinas —tan admiradas por su diseño, así como por las comodidades y servicios que brindan—, al *home office* en la post pandemia y a los aprendizajes obtenidos en ese primer largo año.

También conversé sobre el tema con diferentes personas a las que asesoro y que casualmente forman parte de aquella compañía, residentes, uno en California, y otro en Zurich.

Sullivan se refirió a la imagen de las cómodas y coloridas oficinas de la empresa diciendo que "las oficinas eran algo que muchas personas admiraban". Sin embargo, relativizó luego la importancia de ese elemento como uno de los grandes atractivos de la empresa: "Hoy para nosotros eso es algo bueno pero no es lo que realmente le importa a nuestra gente. **Es el trabajo y no eso lo que mantiene a las personas en la empresa**. El motivo por el cual les gusta trabajar aquí es porque pueden trabajar en productos con impacto, en cosas que les importan, y hacen una diferencia".

El gigante de la innovación que ha sorprendido al mundo con sus productos ahora sorprende por la lectura que hace sobre cuán necesario será el trabajo cara a cara en la post pandemia.

"Somos firmes creyentes de que estar en la oficina es mucho mejor para la colaboración, de que es más sencillo encontrar a las personas y verles la cara. Quizás no todo el tiempo, pero sí realmente hace la diferencia para conocer a los pares con los que trabajas. Y además es más divertido" —agregó Stacy Savides Sullivan en la nota de *Infoprofesional* titulada "Google revela por qué sus empleados volverán a las oficinas a partir de septiembre"[13]. En ese anuncio también confirmó que fue necesario dar **más flexibilidad que antes**. Recomendaron a sus empleados organizar días libres de videollamadas y reuniones, o lo que ellos llaman un *reset day*, para disminuir los niveles de estrés.

En distintas conversaciones con colegas, supe que la rotación en Google había crecido, durante la virtualidad, más que el doble. Las personas que trabajan en la empresa explican que, al no tener contacto en la oficina, es más débil el compromiso de los colaboradores, especialmente de los más nuevos, y se hace más difícil el esfuerzo por intentar retener a la gente.

Entonces quise también conversar con *googlers*. Uno de ellos me dijo acordar con la medida de volver a las oficinas.

---

13 https://www.iprofesional.com/management/337702-google-revela-por-que-volveran-todos-a-las-oficinas-en-septiembre

"Creo que la productividad aumenta trabajando cara a cara". Y también coincidió con la mirada sobre las oficinas cómodas y vistosas: "La mayor parte de los beneficios […] en las oficinas son usados por una parte muy pequeña de los empleados, generalmente los más jóvenes, cuya vida muchas veces se centra más alrededor del trabajo que de la familia".

Sin embargo, este *googler* no estuvo de acuerdo sobre la utilidad del *reset day* y me lo dijo en forma contundente: "No sirve para nada, dado que las reuniones se mueven e igual uno termina teniendo la misma cantidad de reuniones en total. Probablemente genere más estrés".

Por otra parte, el otro colaborador de Google suma su visión y su experiencia. Me comenta que, según los excompañeros que se fueron de la empresa, "no es que extrañan las oficinas, no; extrañan a la gente. La gente no quiere a la oficina pero sí la comunidad que genera la oficina".

¿Eso quiere decir que la oficina colorida y divertida no sirve? No. Eso da un indicio claro acerca de cuán importante es el diseño de las oficinas para que funcione mejor. Según *googlers* con los que hablé y lo que ellos perciben "desde adentro", ese tipo de oficina no es la clave de todo, pero sí funciona muy bien para atraer gente, para lograr que la gente quiera trabajar en Google.

Esto se vincula con la teoría motivacional de Frederick Herzberg, que postula dos factores: los *higiénicos* y los *motivadores*. Los factores higiénicos son los que no generan motivación por su presencia, pero sí desmotivación por su ausencia, por su inadecuación o porque fallan. Por ejemplo, el sueldo y los beneficios, la política de seguridad e higiene de la empresa, las relaciones saludables con los compañeros de trabajo, el ambiente físico, etc. En este caso, las oficinas de Google son un factor higiénico para los *googlers*, pero no un factor motivador. Para Herzberg, los factores motivadores son los que generan satisfacción en el trabajo y traccionan la motivación; por ejemplo, logros, reconocimiento, autonomía, etcétera.

Entonces, el factor motivacional clave y de involucramiento no parece estar tan ligado a lo colorido, luminoso, original del diseño de las oficinas, sino en otros aspectos. Este colaborador experimentado me comentó también que lo habían invitado varias veces a visitar oficinas de otras compañías que habían contratado a las mismas empresas que hicieron las oficinas para Google para rediseñar sus espacios de trabajo. Las oficinas se parecían, tenían colores parecidos, mesas similares, pero en general no trabajaban con un tema clave, como son los espacios de colaboración. "La gran diferencia siempre se centraba en cuántos espacios, cuántos asientos había en salas de reuniones y cuántos para lugares individuales. Si de cada cien asientos en un piso, aproximadamente hay entre diez y quince en una sala de reuniones, nosotros en Google tendremos entre veinte y cuarenta asientos en salas de reuniones y espacios compartidos, si no más, por cada cien. Entonces la gente quiere volver a esa experiencia de oficina".

Esta mirada de uno de los empleados del gigante de la innovación nos ayuda a comprender que esas oficinas que todos vemos desde afuera como divertidas, coloridas, atractivas, se perciben de modo distinto desde adentro. Además, la característica que él más destaca tiene que ver con la cultura de equipos colaborativos de la empresa y con que la arquitectura y la disposición de los espacios están al servicio de facilitar que las personas se involucren en esa cultura colaborativa.

Otros espacios que señalaron como promotores de la colaboración son, por ejemplo, servicios relacionados con un bar o cafetería, pero más precisamente la "mini kitchen" para compartir un momento de distensión, tomar algo y comer. A diferencia de otras empresas en las que habían trabajado antes, las personas con las que hablé destacan que esos espacios poseen en Google cantidad y variedad de comidas y bebidas.

Esos espacios tienen cierta relación con esa mayor proporción de sillas en las salas de reuniones que destacaban como factor fundamental para el trabajo de los equipos. Pero, en este caso, el contacto tiene otra frescura, otra característica derivada de la posibilidad de encontrarse con profesionales de otras áreas, con otros equipos e intercambiar ideas. "Yo pude charlar con uno de los expertos en inteligencia artificial porque nos sentamos a comer algo, lo vi de casualidad, no era de mi *team* e intercambiamos muchas ideas muy productivas. El día que ponga mi empresa, mi *start up* en el futuro, sin duda tendrá un espacio con comida" —me comentó sonriente el *googler* con el que conversé. La tendencia es que ahora será necesario aún más espacio en esas áreas de colaboración.

Por todo esto, **más colaboración y más flexibilidad parecen ser las claves de lo nuevo** en una de las empresas más innovadoras y, además, una de las primeras grandes empresas que anuncia oficialmente sus planes para la post pandemia, en relación con los modos de organización del trabajo.

Como conclusión de la experiencia en Google, para las organizaciones post pandemia, los valores destacados, además de colaboración y flexibilidad, serán creatividad e innovación para resolver las nuevas situaciones, esto sumado a la cultura celebratoria y de reconocimiento necesario por los esfuerzos y logros de las personas.

3.6 Los equipos de trabajo

El concepto de *grupo*, que viene desde el antiguo vocablo italiano *groppo* y de grupo como nudo, esa antigua idea que nos llega desde el fondo de la historia, la idea del conjunto, del círculo de personas, ha evolucionado hasta la actualidad de los diferentes cuadrados en Zoom.

Entre una y otra realidad han ocurrido transformaciones respecto del concepto de grupo y también de equipo. Los equipos que inicialmente se utilizaron en las organizaciones de trabajo fueron, en gran parte, emergentes de las experiencias de la Segunda Guerra Mundial, puesto que, para algunas operaciones, el funcionamiento, la pertenencia, la afiliación y la efectividad logrados por los grupos comando dieron mejores resultados que los batallones en masa. Trasladada esta idea al mundo del trabajo, los equipos dan mejores respuestas a las demandas del mercado, por su capacidad de adaptación y agilidad frente a los cambios, entre otras virtudes.

La definición de equipo es clara: un grupo abocado a la tarea de búsqueda de resultados, es decir, de rendimiento. La característica de este conjunto de personas es que tienen habilidades complementarias y, fundamentalmente, que se hallan comprometidas con un propósito común y con ciertos objetivos de desempeño, siendo central la solidaridad mutua de los miembros, es decir, para plantearlo de un modo simple, "hoy por ti, mañana por mí".

Pero ¿cómo desarrollar equipos virtuales? —es la pregunta que nos deja resonando la pandemia—. En la virtualidad, se pone en valor la necesidad de reforzar la infraestructura emocional del equipo —tal como define mi talentoso amigo y colega Ricardo Czikk, en su documento "El equipo ¿tiene dos caras?"— hacia la grupalidad. Es decir, fortalecer el vínculo interpersonal que conecta a las personas y que, para la efectividad del equipo, requiere pasar de estar juntos a estar vinculados. El desafío de los equipos virtuales pasa por la necesidad de lograr pertenencia y desarrollar una dinámica grupal efectiva, para no ser solo una suma de individuos, sino más bien un equipo que opera con sinergia en la virtualidad.

Como explicamos anteriormente, "*high-tech, high-touch*" es un concepto desarrollado por Alvin Toffler en su libro *El shock del futuro*. En este contexto, nos recuerda que la tecnología es el facilitador, pero no es lo más importante. A medida que la tecnología interviene en nuestras interacciones, más contacto interpersonal es necesario alcanzar al interior del equipo virtual para poder lograr construir el grupo humano que nos lleve a los resultados. Es decir, además de la eficiencia tecnológica, la inteligencia artificial, debemos fomentar la inteligencia emocional que devendrá en la posibilidad de construir inteligencia colectiva, que es un importante valor diferencial del trabajo en equipo por sobre el trabajo individual.

Una de las dificultades mayores de los equipos es la uniformidad del compromiso, que se complejiza aún más en los equipos virtuales o híbridos. Es decir, el desafío consiste en construir la base del compromiso para, a partir de allí, dejar claras las necesidades y expectativas del equipo. Esta base de compromiso es la cuota mínima necesaria para poder ser parte del equipo y no quedar excluido.

Otro desafío para este tipo de equipos es la construcción de factores de cohesión extrínsecos e intrínsecos, frente a la distancia, a lo remoto, para, finalmente, lograr cimentar significados compartidos. Más aún en los equipos multiculturales, a la inversa de la historia de la torre de Babel. Es una variable que no debe quedar limitada al mero hacer, sino que es necesario favorecer el intercambio y desarrollar las habilidades transculturales.

En los equipos se complejiza la tensión entre el yo colectivo y el yo individual. El desafío —sostiene mi gran maestro, Luis Karpf— está en lograr que un individuo se descentralice, que sea parte de un colectivo, que se aparte de su individualismo, pero continúe siendo individuo, implicado, pero diferenciado, alineado, pero no alienado. Esta dificultad es mayor cuando no existe un lugar común o, mejor dicho, como sucede en la virtualidad, hay un *no lugar*, en palabras del antropólogo Marc Augé.

Es imprescindible definir en qué consiste el "negocio" psicológico de los equipos, ya sean presenciales o virtuales, así como definir para qué vamos a llevar a cabo esa movilización subjetiva, el tiempo, las reuniones, etc., que implica la construcción de un equipo. Por ejemplo, en la virtualidad, imaginar la situación de uno solo, horas y horas frente a una pantalla sin tener con quien hablar. Esa es una buena razón pero no alcanza. Un equipo se construye para obtener sinergia, es decir, resultados frente a acciones que una suma de individuos por separado no podrían lograr; tiene que brindar un balance positivo y crecimiento personal a los miembros del equipo, a cambio de lo que cada uno invierte como individuo.

En este sentido, uno invierte individualmente sus habilidades, experiencia, creatividad, asume riesgos trabajando con otros. Muchas veces es más sencillo hacer las tareas solo, sin consensuar; por lo tanto uno invierte tiempo y esfuerzo. A modo de ejemplo, cuando, en un equipo, a alguien se le ocurre una gran idea, esa idea deja de ser suya y pasa a ser del equipo. Para que este balance sea positivo, es necesario que los individuos encuentren en los equipos una recompensa. Se trata de estima profesional, aprendizaje de otros, pertenencia, reconocimiento, etc. Esta recompensa es central para lograr el involucramiento de los individuos en la virtualidad, no solo con el equipo, sino también con la organización. Podemos pensar además que, en la virtualidad, los equipos de trabajo son la vía regia para lograr la transmisión cultural y el sentido de pertenencia a una organización.

En resumen, los equipos son solo una moda en algunas organizaciones, y en otras un modo útil de funcionamiento. Frente a los equipos híbridos y virtuales, es necesario poner en valor la conocida frase "de la moda al modo". La virtualidad que no fue elegida, en términos generales, sino que fuimos arrojados a ella, es donde se va a jugar la paradoja de lo individual versus el equipo, la homogeneidad versus la disidencia, la uniformidad versus la diversidad, donde lo que mueve la aguja es el enriquecimiento personal, del equipo y de la organización. Y como resultado se va a construir inteligencia colectiva a partir de la interdependencia de los miembros del equipo, en el que quien lidera tiene que pasar a ocupar diferentes roles que faciliten esa interdependencia, la resolución de conflictos, la normalización y, en el mejor de los casos, el alto rendimiento.

Para favorecer que afloren las ventajas de trabajar, es necesario promover un entorno de seguridad psicológica, como señala la profesora Amy Edmondson.

A partir de los resultados de su investigación realizada desde 1999[14], Edmonson sostiene que aquellas personas que trabajan en una organización son más efectivas si sienten seguridad psicológica. Y define a esta condición como la sensación de poder expresar con toda seguridad sus dudas, inquietudes, opiniones, aportes y temores.

Desde esta perspectiva, también es posible pedir ayuda, confesar un no-saber, admitir un error, en virtud de los beneficios de cierta seguridad psicológica que resulta clave para hacer y expresarse, así como para lograr mejoras en los resultados y el funcionamiento del equipo.

Es posible que haya una complejidad mayor a la hora de construir la seguridad psicológica en equipos virtuales o híbridos que en equipos presenciales, aunque no estamos hablando de una ciencia exacta y esto va a depender del liderazgo y de la cultura organizacional fundamentalmente, donde las áreas de talento humano son facilitadoras de que esto suceda. La construcción de la seguridad psicoló-

---

14 http://web.mit.edu/curhan/www/docs/Articles/15341_Readings/Group_
Performance/Edmondson%20Psychological%20safety.pdf

gica post Covid representa un desafío que es inevitable, de cara al futuro del trabajo.

Lo que se le demanda al líder del equipo es que organice las tareas, los roles y las responsabilidades, que explique con claridad la contribución y el compromiso esperados de cada uno de los miembros. Todo esto está sustentado sobre los sistemas comunicacionales y de "intercambio" operativo, afectivo y emocional, para lograr la efectividad y los resultados esperados.

En este sentido, es central establecer indicadores de efectividad a la medida de los equipos virtuales. Estos indicadores no son necesariamente los mismos de los equipos presenciales para lograr la eficiencia en el rendimiento.

Para el trabajo en equipo, es necesario tener en cuenta los siguientes indicadores:

- **Objetivos**: Grado en que todos tienen en claro los logros que habrá que obtener. En este caso, habrán sido en gran parte acordados: se sabe qué resultados se esperan de cada uno de los miembros del equipo, y habrán tenido tiempo para prepararse en las tareas que le corresponde al equipo realizar.
- **Liderazgo**: Una dinámica al interior del equipo, que consiste en un liderazgo distribuido, en la medida en que cada uno ejerce el deber y el derecho de influir con sus puntos de vista, conocimientos, experiencias, etc. Donde se posibilita el surgimiento de nuevos líderes, en función de la tarea y del resultado requerido.
- **Orientación a la gestión**: Se trata de definir el grado en que el equipo está claramente orientado a lograr resultados que aporten a la gestión. Es la capacidad del equipo de orientar las acciones a la gestión de los logros esperados, administrando los procesos definidos, evitando interferencias en la gestión de esas acciones.

- **Compromiso**: Nivel en el que existe concentración en lo que "se debe" hacer; en el que se administra el tiempo con "sana avaricia"; en el que hay genuina atención a los temas que "no son los míos propios"; en el que los esfuerzos están orientados y concentrados hacia el logro de los objetivos. Es necesario, en este sentido, construir la "base" de compromiso común, para ser miembro efectivo del equipo.

- **Clima**: Grado en que las relaciones interpersonales son cooperativas; donde se busca adecuadamente el consenso; donde se enfrentan constructivamente las diferencias de opinión; donde todos se sienten parte "del mismo barco", queriendo pertenecer a un equipo saludable en cuanto a los modos de desarrollar y mantener los vínculos interpersonales.

- **Creatividad**: Este indicador es positivo cuando surgen modos alternativos de resolución de los desafíos. Es importante evaluar si siempre son los mismos los que desafían los procesos o si se aprovecha el conocimiento de todos los participantes.

- **Atención al proceso**: Estado en que el equipo es capaz de prestar atención a los indicadores de la gestión, utilizando datos confiables para la toma de decisiones. Posibilita la asignación adecuada de recursos para producir un resultado esperado. Tiene en cuenta a su vez los procesos "blandos del equipo", es decir, interés por "cómo estamos trabajando", "cómo estamos escuchándonos", etcétera.

- **Calidad**: Ocurre cuando en las diferentes acciones de cada una de las tareas, en la toma de decisiones, etc., se tienen en cuenta los principios básicos de la calidad —la satisfacción del cliente—. Esto se hace posible gestionando el cumplimiento de los estándares y las normas de calidad en los procesos en que el equipo interviene.

En relación con los equipos virtuales, además de adaptar los anteriormente mencionados, se deberían sumar principalmente los siguientes indicadores:

- **Claridad del alcance**: Grado en que hay claridad de expectativas, roles y responsabilidades de cada uno de los miembros del equipo. En este sentido, es fundamental lo que las personas del equipo perciben como claridad de rol. Es decir, la concordancia entre las expectativas del equipo y las de cada uno de los miembros sobre el rol y las responsabilidades que desempeña en el proyecto o tarea.
- **Encuadre**: Se refiere a los acuerdos de reglas de funcionamiento del equipo. Modalidad de conexión, objetivos de trabajo, tiempo, pautas de sincronía/asincronía, medios de comunicación, horarios y demás normas de preferencia consensuadas. Es el esfuerzo por entender y clarificar en equipo el trasfondo cultural y situacional de cada uno de los miembros.
- **Confianza**: Niveles de confianza en los criterios de los miembros del equipo, en los conocimientos y en los valores del equipo.
- **Grupalidad**: Adecuados mecanismos de resolución de conflictos y construcción de vínculos saludables al interior del equipo en la virtualidad. Desarrollo de estrategias para fortalecer la afiliación, la pertenencia y la mutualidad en los equipos de trabajo remoto.
- **Gestión de la tecnología**: Niveles de consenso de uso de las herramientas tecnológicas que se van a utilizar, capacitación adecuada para su uso. Canales informales que posibiliten la comunicación informal y la cercanía interpersonal.
- **Seguridad psicológica**: Niveles de confort psicológico, para desarrollar la tarea y expresar las propias ideas sin temor. El desafío es construir la seguridad

psicológica en las conversaciones que se dan por medios virtuales.

- **Disciplina**: Grado en que la planificación y el seguimiento de los proyectos se cumplen con efectividad. Capacidad de gestionar los documentos de manera ordenada, con el compromiso de informar a los demás miembros del equipo que están trabajando de manera remota.

A su vez —como desarrolla Patrick Lencioni— podemos encontrar los mayores problemas o disfunciones de un equipo, tanto presencial como virtual o híbrido, según el siguiente diagrama de su libro *Las cinco disfunciones de un equipo* (2015).

Disfunciones de un equipo
(Patrick Lencioni)

La primera disfunción en un equipo es la ausencia de confianza causada por la falta de apertura, empatía y comprensión entre sus componentes. Los equipos eficaces son capaces de compartir con comodidad sus errores, deficiencias y debilidades, y son capaces de pedirse ayuda mutuamente. La confianza posibilita que, al asumir sus debilidades, el equipo también pueda aprovechar las habilidades de cada uno de los miembros y se concentre en el trabajo sin preocuparse por otros motivos.

La falta de confianza da lugar a la segunda disfunción, que es el temor al conflicto. La evitación de los debates se da en muchos equipos, para eludir la confrontación y preservar la armonía. Pero, para poder crecer, los equipos deben poder asumir sus conflictos y buscar los modos de poder resolverlos. Evitar el conflicto es como esconder la basura debajo de la alfombra, ya que tarde o temprano esto sale a la luz. Aprender a resolver los conflictos es una de las habilidades esenciales para construir un equipo efectivo, superando los problemas interpersonales, que son tan frecuentes y necesarios para acomodar el funcionamiento de la dinámica grupal. El problema no es tener conflictos, sino no detectarlos o esconderlos. Lo que no se resuelve, se repite.

La falta de compromiso es la tercera disfunción. Los equipos que no saben encarar y resolver sus conflictos no se comprometen a la hora de los intercambios, para no generar problemas; entonces, surge el silencio. No hay compromiso en las conversaciones ni en las discusiones y, por lo tanto, no lo hay a la hora de tomar decisiones. El compromiso deviene de la aceptación de las diferencias y de los consensos que se logran en las discusiones. La claridad a la hora de la toma de decisiones y de cuáles son sus razones, así como la aceptación de las diferencias, fomentan el compromiso. Al mismo tiempo, es necesario poder escuchar todas las ideas y opiniones, para poder crear la voluntad de unión frente a una decisión compartida por el equipo.

La cuarta disfunción es la evasión de la responsabilidad, de modo de evitar la rendición de cuentas, y se da por defecto un desempeño dispar que redunda en el bajo desempeño del equipo. De este modo, se erosionan las relaciones, cae el esfuerzo y también los estándares de calidad. Para evitar esta disfunción, son necesarios la proactividad y el respeto por el esfuerzo y el tiempo del otro. Para fomentar las responsabilidades, es fundamental el aliento y el reconocimiento de los pares, en cuanto a que en los equipos efectivos se teme el no cumplimiento de los compromisos asumidos por parte de los individuos. A los miembros del equipo les resulta más fácil responsabilizarse mutuamente si hay claridad de expectativas y de aquello que el equipo necesita lograr, y también sobre quién lo debe llevar adelante.

La quinta disfunción es la falta de foco en los resultados. El indicador de esta disfuncionalidad es el individualismo, el interés por uno mismo y no por el equipo. Los equipos que pierden la orientación hacia los resultados se estancan y se pierden en lo individual —el ego— por sobre los resultados colectivos. Los objetivos deben ser compartidos, claros y significativos. Es necesario también construir un enfoque común de trabajo, en términos de plazos, métricas e indicadores de resultados.

Para que se desarrollen las ventajas de los equipos es necesario que las organizaciones de trabajo favorezcan y desarrollen entornos colaborativos. La organización es la que le da marco al equipo. Según Schein (1992), "Es la coordinación planificada de las actividades de un grupo de personas para procurar el logro de un objetivo o propósito explícito o común, a través de la división de trabajo y funciones, y a través de una jerarquía de autoridad y responsabilidad".

Las organizaciones y los líderes que favorezcan el desarrollo de los equipos, que construyan entornos colaborativos y fomenten el intercambio genuino, serán los que estén en mejores condiciones de aprovechar la ventaja competitiva de trabajar en equipo, ya sean presenciales, virtuales o híbridos. En la actualidad, las organizaciones que sostienen una estructura flexible, ágil, colaborativa y jerárquica son caldo de cultivo para los equipos y las que hacen la diferencia.

3.7 La idea de vacaciones ya no será igual

> *Cada cual tiene un trip en el bocho.*
> (CHARLY GARCÍA, *Promesas sobre el bidet*)

Al cambiar la idea del ámbito del trabajo y relativizarse la fijación de tareas a lugares físicos, de alguna manera también se ve impactada la idea de vacaciones.

El trabajo deja una huella en nuestra vida y nosotros dejamos también nuestras marcas en los trabajos por donde pasamos. Algunas de esas huellas son más definidas, profundas, duraderas, otras se van desdibujando más rápidamente con el paso del tiempo. Algo parecido pasa con nuestros lugares de vacaciones.

Soy un fanático de Miramar, una pequeña ciudad balnearia, a 470 kilómetros al sur de la Ciudad de Buenos Aires. Voy desde niño, ininterrumpidamente. Es para mí como La Meca para los musulmanes. Tengo que pasar una vez al año. Sea invierno o verano, pero tengo que ir y tocar el mar. Mickey, empanadas de Las Pepas, la playa y el vivero. Este año, como todos los años, cuando me despedí de Miramar, con el deseo de volver el año siguiente, no imaginaba lo que iba a suceder: la pandemia. Y nunca como ahora estamos tan deseosos de vacaciones.

Miramar... ¿Me verá volver? —me preguntaba al acercarse el verano 2020—. Afortunadamente, pude ir unos días en enero, en nuestro verano en el que se vivía semana a semana, día a día, la incertidumbre de un posible anuncio del gobierno sobre restricciones a los viajes. Y así fuimos viviendo el comienzo de la pandemia con cierto dinamismo incierto de aperturas y cierres en diferentes actividades.

Desde el principio, la pandemia fue dinámica. O mejor dicho, nuestro estado emocional es dinámico, pendular, o bien como una hoja de sierra. En pandemia atravesamos diferentes estados emocionales, que nos tienen afectados. Es por esto que las vacaciones significan para algunos un punto de certidumbre, de relajación, casi un oasis en el desierto. Se suele escuchar que el trabajo es lo que sucede entre unas vacaciones y las siguientes. Es decir, las vacaciones, para algunos, se tornaron más importantes que el trabajo propiamente dicho. Además, el trabajo en pandemia se hizo más denso, nos agotó mucho más.

Playa, montaña, viajes cortos o largos, parajes de nuestro país o del exterior, todos hemos gozado de esos momentos en los cuales mentalmente salimos por un rato de nuestros días de trabajo y empezamos a pensarnos con ropa más cómoda, disfrutando de días relajados. Las vacaciones son un ansiado punto de llegada, un merecido descanso que nos espera después de un período de trabajo.

Al mismo tiempo, existe una ambivalencia de las vacaciones, nacida en la pandemia. Hay temor al contagio si se viaja, o a no poder regresar, por el efecto acordeón de apertura y cierre de fronteras. "Si viajo soy feliz, pero si viajo me puedo enfermar...".

A partir de las vacaciones 2020/2021, el concepto general de vacaciones empezará a ser distinto, luego de la modificación que la pandemia ha producido en la relación entre ámbitos laborales y personales, tiempos libres y de trabajo, y en el cruce entre ambos.

Hay quienes están planificando continuar sus trabajos

en forma remota, pero desde algún lugar más disfrutable, que pueda ser vivido como vacaciones por la familia, y entonces buscan alquilar alguna casa en las afueras.

Las vacaciones son el momento en el cual dejamos de trabajar. Teóricamente. El tema ya de por sí es complejo, porque hay gente que no puede o no quiere desconectarse del todo, pero a partir de la pandemia serán vacaciones con respecto a un año de trabajo distinto. Nos estamos aproximando entonces a una idea que actualiza el mismo concepto de vacaciones.

3.8 De las vacaciones al *unplugged*

La conexión tecnológica ha permitido continuar trabajando a distancia desde nuestras casas. En un año con ingresos golpeados por la pandemia para la mayoría, quizás la opción de viajar o poder pasear, si las restricciones legales lo permiten, incluya también la necesidad de seguir conectados con los temas relacionados con el trabajo. Probablemente la desconexión sea cambiar de ámbito, cambiar de entorno, desconectarse del hogar, pero seguir trabajando si eso es imprescindible.

En las vacaciones post Covid-19, el trabajo y el estar conectados al trabajo se han vivido de una forma distinta. Hasta podemos pensar que incluso la idea de vacaciones ya ha cambiado.

Cada uno, cada familia, cada empresa, deberán rearmar su esquema de vacaciones.

En una de las empresas con la cual trabajamos, estamos elaborando un esquema que permite desconectar. El programa que ya tenían, el "viernes *flex*", que se daba en verano, ahora empezó con la primavera y en lugar de ser viernes, también puede ser lunes; es electivo y coordinado a través de una herramienta colaborativa.

Lo importante ya no es tanto el viernes flex, sino que todo sea lo más "*flex*" posible.

En la semana se trabaja una hora más. Este acuerdo se sostiene así hasta el inicio del verano, para volver a revisarlo. También, previamente realizamos una breve encuesta y los resultados que aparecen con respecto al agotamiento fue lo que nos llevó a generar esta acción. Las primeras reacciones de los colaboradores fueron de alivio y satisfacción por sentirse escuchados.

Cada uno de nosotros es atravesado por la pandemia de un modo particular, pero es indudable que a todos nos impacta, psíquica y emocionalmente. En esta situación se encuentran algunas personas que necesitan "ir a boxes" para recargar energías. La pandemia implicó un estrés que nos colocó en situación de necesitar, siempre, **vacaciones ya**.

Otros necesitan las vacaciones para salir del aburrimiento y la monotonía que impone el día a día, donde ya no sabemos en qué día o mes estamos. En este caso, se trata del síndrome de *boreout* —aburrimiento, desinterés y subexigencia— que también se exacerbó en la pandemia.

Las vacaciones son psicológicamente necesarias, para hacer un corte temporal y poder desagotar el estrés que nos trae esta situación tan emocionalmente cargada, dada por el contexto pandemia. Si en algún momento las vacaciones se consideraron un lujo, hoy nos damos cuenta de que son una necesidad. Son un período de descanso saludable para relajarnos física y mentalmente, desconectar de los problemas cotidianos, hacer un corte en la temporalidad. Son una recompensa al esfuerzo realizado.

El punto aspiracional de la clase media eran los viajes. Pero la pandemia pone límite a aquello de que éramos ciudadanos del mundo.

Sin embargo, va a haber limitación de viajes innecesarios que muchas veces se usaban como recompensa, como premio, y que ahora van a tener que trocarse en algo más creativo; por ejemplo, permitir trabajar en forma remota desde otro país. Una empresa de tecnología a la cual asesoramos reconfiguró un viaje al mejor vendedor, permitiéndole trabajar tres semanas desde otro país.

Si las vacaciones son vistas como la otra cara de la moneda del trabajo y el trabajo es híbrido, entonces las vacaciones también pasarán a ser híbridas.

Las vacaciones durante la pandemia fueron más necesarias que nunca. Y así parece que seguirá en todo 2021. Y luego, a futuro, las vacaciones pueden ser entonces de desconexión o las tradicionales, o vacaciones en que nos vayamos a otra ciudad aunque trabajemos desde allí; es decir, lo híbrido también incluye el concepto de vacaciones. Y así parece que será de cara al futuro.

Por ejemplo, yo soñé que volvía a Miramar, atravesaba el arco de bienvenida, me dirigía al mar, sin siquiera sacarme las zapatillas, con el celular en una mano y un helado en la otra. Al llegar a la orilla, tiré el celular. Cosas que uno solo hace en sueños.

3.9 Emprendedurismo y empleo fijo, otro híbrido

El trabajo es el gran paraguas bajo el cual existe el mundo del empleo, pero no es la única manera. La mayoría de los textos "manageriales" se escriben desde el paradigma del empleo en una gran multinacional. Aunque sabemos que es el paradigma dominante, está lejos de ser la realidad colectiva; para muchos es un aspiracional, y para otros, no es el único destino deseable.

No es lo mismo trabajo que empleo, puesto que existen diferentes alternativas, como el emprendedurismo, el autoempleo, la informalidad, el libre ejercicio de los profesionales en las ONG, el trabajo estatal, etcétera.

Básicamente se trata de dos paradigmas: el dependiente –el empleo–, cuyo representante estereotipado es el líder –jefe, gerente, etc.– y el paradigma emprendedor, cuyo representante es aquel que es su propio jefe. Pero no todos tenemos el "gen emprendedor", no todos podemos ser nuestros propios jefes ni podemos gestionar nuestro propio tiempo.

Podemos, casi, hablar de "psicología del emprendedor", para analizar cómo cada uno vive el hecho de ser su propio líder, y si lo prefiere o no. En algunos casos, hay personas que se manejan mejor si ven claramente un marco de trabajo en el cual se le dan las pautas, las instrucciones, y se desenvuelven sin tener que ser los propios gestores de esas decisiones. Y hay quienes se lanzan a vender productos y servicios mediante los canales de venta digitales y las redes sociales, que fueron los medios que más crecieron durante la pandemia, para posibilitar el intercambio y la oferta de bienes.

Esto les permite desarrollar su propia autonomía, su capacidad de toma de decisiones, ser responsable de su esfuerzo y asumir los riesgos, sin necesidad de depender de otros directamente.

Una de las empresas con las que trabajo investigó a sus empleados millennials. Se encontró que buena parte de ellos ya estaban empezando a pensar —e incluso a lanzar— sus propios proyectos, y que querían dedicarse a sus microemprendimientos. Y que no les importa tanto la cantidad de horas, sino la calidad del trabajo. ¿Debe ser la organización más flexible para desarrollar su emprendimiento? ¿Cómo se va a construir la nueva relación de emprendedurismo? ¿Con el trabajo híbrido?

Uno de los riesgos que corre el emprendedor es tener dificultad a la hora de cortar y autoobligarse a un trabajo *full life*.

Finalmente, los meses vividos por aquellos que tuvieron que desarrollar un emprendimiento propio para poder enfrentar las dificultades económicas planteadas por el período 2020/2021, o, en cambio, quienes tuvieron más tiempo para poder enfocarse en sus emprendimientos paralelamente con un trabajo fijo, dejarán también una huella. Una huella del camino que se ha recorrido, pero que también puede marcar el paso de un próximo camino por recorrer.

3.10 Empresas familiares post pandemia

El sacudón de la pandemia también se notó en las empresas familiares y, probablemente, también haya dado lugar a replanteos en las formas de trabajo.

Conozco el caso de un comerciante, jefe de una empresa familiar, que formaba parte de la población de riesgo. Aun en pandemia, él sostenía que tenía que trabajar igual y lo hizo. Sus hijos le insistían para que se quedara en la casa, y esas diferentes miradas sobre el tema fueron un gran motivo de tensión familiar y de conflicto con sus empleados en el comercio.

Sus empleados sentían que si el anciano —dueño y jefe— iba a trabajar, ellos también tenían que ir. Empleados de muchos años, todos angustiados, y los hijos terminaron tan enojados con el padre que dejaron la empresa.

Las empresas familiares tienen sus complejidades pero son, también, un gran impulsor de la economía latinoamericana y del mundo en general. La particular complejidad de las empresas familiares se ha visto afectada en el contexto pandémico, por decisiones como la del ejemplo anterior, en las cuales las medidas de cuidado personal, la mirada que cada uno tiene sobre el cumplimiento de las recomendaciones sanitarias, se traducen en conductas que afectan directamente a las políticas que se implementan en este tipo de empresa, en una forma mucho más directa y rápida que en organizaciones cuyo liderazgo está más compartido y auditado.

Como define el experto mexicano Salo Grabinsky, "Una empresa familiar es aquella cuya propiedad y control de las operaciones están a cargo de dos o más miembros de una familia o grupos de familias. Ellos toman todo tipo de decisiones asumiendo por completo la responsabilidad sobre sus acciones". En su constitución suelen ser pymes (pequeñas y medianas empresas) y son uno de los mayores generadores de fuentes de trabajo. El éxito de estas empresas, en términos generales, se asocia con el compromiso, la pasión, el esfuerzo (en algunos casos, el sacrificio) familiar. El talón de Aquiles suele ser el modo como se vinculan los lazos emocionales de la familia con los lazos laborales del negocio y el patrimonio en juego. En gran parte, el secreto del éxito radica en ese equilibrio de fuerzas y la preparación para la continuidad de la siguiente generación.

La pandemia tuvo un fuerte impacto en las empresas en general, y en las empresas familiares en particular. Algunas de las instancias críticas que se observaron fueron el riesgo de salud de la población de adultos mayores de la empresa familiar, que suelen ser los líderes organizacionales y quienes mayor poder ejercen en la organización. Como el coronavirus afectó en mayor medida a los adultos mayores, limitó su accionar en la empresa, y así se produjo un recambio de nivel generacional, un reacomodamiento, una crisis, o una explosión, según cómo cada una haya resuelto la crisis del coronavirus al interior de la infraestructura de poder.

Podemos, en términos generales, plantear el impacto de la pandemia en las empresas familiares de América Latina en tres diferentes *momentum*:

- *Momentum* **I**. Pánico e incertidumbre. En el primer momento de crisis se trató de una etapa sorpresiva sin precedente, marcada por el riesgo del cierre, por la ruptura de la rutina, el pánico de fundirse, que impactó fuertemente en la emocionalidad familiar, con un exceso de trabajo y muchas veces se corrieron riesgos de contagio para salvar la empresa. Esta primera etapa tuvo altísimos costos emocionales, no solamente en las familias, sino también en los empleados de larga antigüedad —suele ser frecuente que se sientan parte de la familia—, que en algunos casos se sintieron cuidados, y en muchos otros casos, se vieron excluidos y sufrieron un recorte en su sueldo. A causa de la restricción, muchas personas que querían colaborar con la organización pese a ser población de riesgo, se sentían impotentes al no poder trabajar —recordemos que su identidad y su "camiseta" se relacionan con ser parte de esa empresa familiar, en la que el trato suele ser familiar también. Recuerdo el caso del encargado de una empresa familiar que cayó en una profunda depresión por no poder ir a trabajar debido a su edad, o bien el caso del empresario que por no dejar de ir a trabajar para no poner la empresa en manos de sus hijos, falleció contagiado de Covid.

A medida que se fueron clarificando los modos de funcionamiento, las empresas familiares se acomodaron, algunas cumpliendo formalmente las pautas gubernamentales y otras encontrando modos alternativos de desempeño, para sobrevivir. En muchas, el lema fue salvar la empresa aun a costa de la salud; en otras, la salud fue primordial. En algunas primó la idea de que "la fuente de trabajo no se toca" y en otras, prevaleció la de que "somos una gran familia".

- *Momentum* II. Evaluación y control del daño. Una vez atravesada la crisis inicial que en algunos casos llevó a cesación y ruptura de la cadena de pagos, las organizaciones que lograron sobrevivir iniciaron una segunda etapa, de evaluación de los efectos y daños, en términos financieros, con los colaboradores, proveedores, clientes y la propia familia. Como sostiene Grabinsky, se trató de justipreciar la crisis más profunda experimentada por las empresas familiares y, a partir de ahí, se definió la sustentabilidad de la empresa para continuar o cerrar. Aquellas que no estaban sólidas dejaron de funcionar o se achicaron a la mínima expresión, lo que generó un gran impacto para el futuro, así como para la continuidad de los empleados, y un profundo duelo para los miembros de la familia, además del fuerte impacto identitario y patrimonial.

- *Momentum* **III**. Tiempo de reinvención. Aquellas empresas que pudieron sobrevivir a la pandemia —no sin costo— generaron estrategias de supervivencia para reinventarse. La pandemia obligó a las empresas familiares a revisar sus prácticas, tanto en el modo de funcionamiento de la empresa, como también respecto de los vínculos familiares.

En relación con las empresas familiares a las que tengo la posibilidad de acompañar como consultor, las consultas crecieron por la emergencia de crisis de los vínculos familiares al mismo ritmo que las crisis de las situaciones empresarias. Hubo que realizar duelos y reconfiguraciones. Las mejores prácticas tuvieron que ver con la construcción de un nuevo protocolo de funcionamiento y la exposición de las conversaciones difíciles que nunca habían sido abordadas (sucesión, herencia, separación, heridas, secretos y dudas patrimoniales). Las empresas que mejor pudieron aprovechar los aprendizajes y capitalizar las pérdidas originadas en la pandemia son las que adoptaron el modelo de **orga-**

nizaciones ambidiestras, desarrollado por Robert Duncan. Se trata de aquellas empresas que construyen una estrategia dual que permite explorar —e innovar— los negocios existentes en el presente, el ADN de la empresa familiar y, a su vez, generar el modelo de negocios del futuro, las que se animan a incursionar de un modo disruptivo en la historia de la empresa familiar, para crecer a través de nuevos negocios. Para poder desarrollar esta estrategia ambidiestra fue necesario abrazar una cultura que permitiera la transformación, con estructuras de funcionamiento ágiles para dar respuesta a las nuevas ideas. La clave para que estas empresas familiares funcionen es la unidad de visión, por más que se trate de dos estrategias diferentes. Esta única visión no solo depende de la mirada empresaria, sino también de la reinvención del funcionamiento que requiere la estructura familiar de toma de decisiones en la empresa.

4. Las múltiples caras del empleo del Estado

> *Cambia lo superficial*
> *cambia también lo profundo*
> *cambia el modo de pensar*
> *cambia todo en este mundo*
> (MERCEDES SOSA, *Todo cambia*)

El Estado tiene sus propias reglas y su propia cultura organizacional y, además, existe una infinidad de subculturas de acuerdo con las áreas de incumbencia. No es lo mismo si se trata del Poder Ejecutivo, del Legislativo o del Judicial. Y siendo aún más sutiles, también hay diferencias entre las áreas de salud y de seguridad, con entidades como la administración de ingresos públicos o empresas del Estado de servicios públicos.

Si bien la comparación se suele hacer entre empleo público y empleo privado, se trata de una comparación innecesaria y a veces injusta, ya que las reglas son otras.

Esto se aplica a la creencia de que el empleo privado es mejor que el público —lo que se conoce como "empresarización" de la vida— y de que la empresa es el paradigma de todo lo que "debe ser", y el empleo público cae dentro de esa misma lógica.

Para poder pensar la nueva normalidad del empleo público, primero habría que desmarcarse de esa comparación y luego poder definir cuál es la propuesta de valor que sostiene cada una de las áreas del Estado. Una vez desmarcados del mundo privado, habría que encontrar las oportunidades de mejora de cada una de esas diferentes áreas.

El Estado se dirige al ciudadano y no al cliente o al consumidor. No es lo mismo tener enfrente a un ciudadano, que a un cliente o a un consumidor, quienes esperan un servicio acorde a lo que se paga. La complejidad de esta diferenciación incluye situaciones en las cuales, a veces, el empleado del Estado se siente un representante de la Nación que está "haciendo patria" con su trabajo, con el orgullo que esto puede incluir.

El rol actualizado del Estado requiere desembarazarse de las lecciones del management y encontrar su propio modo en la nueva normalidad. Esta propuesta incluye no perder el ADN del Estado. Una vez identificada esa característica y entendido el ADN del Estado, se pueden generar oportunidades de mejora en los servicios que el Estado garantiza.

Entonces, así como en el mundo privado la adaptación tecnológica y las habilidades blandas son las principales competencias que se requerirán para el futuro, lo que se debería plantear en el Estado es la propuesta de valor, entendiendo qué necesita el ciudadano y qué problema ese organismo debe resolverle al ciudadano; pero, sobre todo, qué es lo que se espera del empleado público. Esta pregunta es muy difícil de responder en términos generales y no tan difícil de responder en términos particulares. Esto encarado desde la propia cultura del Estado, sin compararlo con el privado.

Si bien es cierto que muchas de las herramientas del ámbito privado podrían servirle al Estado, según mi criterio, se hace al revés de lo que debería hacerse. Por ejemplo, si en las empresas se toman encuestas de satisfacción y es el Estado el que se tiene que adaptar a las reglas del empleo privado, ¿por qué no podría ser al revés, es decir, que el Estado tenga sus marcos de referencia y que a partir de ahí revise sus propias herramientas en busca de mejoras?

He trabajado mucho con el Estado y vi gente muy comprometida que me llevó a modificar el prejuicio que yo también tenía. Desde el Estado también se ha decidido analizar cómo ha impactado la pandemia en el trabajo. En junio de 2020, el Director Institucional del Instituto Nacional de la Administración Pública de la Argentina (INAP) presentó una capacitación online sobre los primeros impactos del teletrabajo. "Un 70 % de la administración pública está teletrabajando" —dijo al comienzo de su exposición en junio de 2020, tras los primeros cuatro meses de la cuarentena decretada por el gobierno el 20 de marzo de ese año.

El trabajo cualitativo inicial se basó en 48 entrevistas de la administración pública federal, a lo largo y a lo ancho de la Argentina, realizadas en el mes de mayo.

Las conclusiones de ese primer trabajo cualitativo llevado a cabo por el propio Estado incluyen algunas definiciones como la siguiente.

Se tuvo una primera impresión positiva del teletrabajo. La herramienta tecnológica fue percibida como positiva. En cambio, las madres señalaron que resultó una sobrecarga, puesto que es distinto que la madre trabaje mientras los chicos están en la escuela a que lo haga si los niños están en la casa. También se planteó que quizás no todos los cargos sean "teletrabajables". La teleconferencia fue percibida como positiva, incluso por motivos que tienen que ver con la carencia de infraestructura adecuada. "La teleconferencia es excelente, no pierdo tiempo trabajando y además tenemos que decidir rápido porque cada tanto el sistema se corta" —comentó Alejandro Estévez leyendo las conclusiones—. "Mucha gente me manifestó en las entrevistas que les va a costar volver a la rutina anterior, que no extrañan volver al gran edificio" —agregó.

Más allá de las conclusiones, ya el hecho de que el Estado esté presente y comparta públicamente[15] su análisis sobre el primer impacto del *home office* implica un paso positivo, una escucha atenta a las opiniones de los empleados y una voluntad de capitalizar la experiencia vivida.

En mi caso, quise conversar con personas que trabajan en el Estado para analizar cómo enfrentaron la pandemia en sus organizaciones.

El amplio mundo del Estado en América Latina ofrece mucho terreno aún por analizar en relación con el liderazgo estratégico de recursos humanos y, especialmente, en relación con el modo en que ha impactado la pandemia en los trabajadores de organismos públicos y el modo como se transformarán esas tareas en post pandemia. El objeto de estudio, entonces, es muy extenso. Mencionaré algunos testimonios, con la identificación del área en la cual trabajan, ya que me han solicitado que su testimonio sea anónimo.

Conversé con una **jefa del área de Recursos Humanos,** una empleada jerárquica del área de pago de sueldos que continuó trabajando en forma remota, quien me comentó: "No hubo pausa, inmediatamente seguimos trabajando, algo que nos sorprendió por la rápida adaptación. El pago de sueldos no se modificó, se hizo teletrabajo, con muchísima carga horaria, no me sentí ni cuidada ni descuidada, me mandaron a mi casa, me dijeron 'hacé lo que tenés que hacer y arreglátelas'. Creo que la pandemia dejó en tela de juicio la cantidad de gente que tiene el Estado y con cuántos se puede trabajar realmente..., la disparidad quedó reflejada. Creo que no vamos a querer tanto ir a las oficinas físicamente. El teletrabajo en el Estado es bastante difícil de controlar y hay mucha gente que va a poder trabajar muchí-

---

15 https://www.youtube.com/watch?v=RpPaRfmmR0Y

simo menos, porque no trabajan a conciencia y solo van a hacer lo justo y necesario".

Uno de los aspectos que dejó en evidencia la pandemia es la diferencia entre los que más hacen y los que hacen menos. Al romperse la dinámica estancada de la normalidad pre pandemia, hubo un acomodamiento necesario que dejó en evidencia el dispar esfuerzo que ocurre en muchos sectores del ámbito público. Entre los empleados del Estado, la falta de premios y castigos acordes a los esfuerzos es un problema endémico que provoca más malestar e indignación en los que más se esfuerzan. A su vez, muchos de los afectados a la educación pública tuvieron que enfrentar el desafío de seguir desarrollando su tarea con los pocos recursos que tenían. También, es de destacar el rol central de los trabajadores de la salud pública, que sin duda son los que más se sacrificaron y se entregaron hasta lo sobrehumano para poder presentar batalla a la pandemia.

Lo que sigue son palabras de una persona que trabaja en el **área de Recursos Humanos** hace casi dos décadas. Quiero destacar especialmente que, además de sus comentarios, me dejó luego un mensaje de audio por WhatsApp, en el cual hablaba pausado y con la voz temblorosa, diciendo: "Lo más impactante fueron los fallecidos, muchos con enfermedades preexistentes. También tuve que tramitar la baja por suicidios, que fue muy impactante... mucho más cuando conocés a las personas". El costo emocional de la pérdida de compañeros es un dolor inenarrable que nos deja la pandemia, sobre todo en poblaciones que tienen muchos años de trabajo compartido, como sucede en los diferentes sectores y organismos del Estado.

Un empleado del **área de Asuntos Jurídicos** me cuenta que en su espacio de trabajo se sintió "[...] súper cuidado. Todos los directores a los que respondo fueron muy comprensivos; por ejemplo, porque tuve que acompañar a mis hijos con temas de la escuela, sobre todo cuando había pedidos de cosas para hacer y no eran dentro del horario laboral, siempre con respeto y sin exigencias". Según su experiencia, y por la forma en que se vivió en el área donde trabaja, los cambios post pandemia "van a impactar especialmente sobre aquellos que trabajan lejos de su casa, hay muchas personas que viven a casi dos horas de la oficina… y ahora pueden rendir mejor, además de estar más a gusto haciéndolo de manera virtual, aunque no sea permanente. Hasta pueden rendir mejor los que viven lejos, que deben viajar en hora pico todos apretados".

Es interesante considerar las múltiples maneras de analizar cómo impactan la virtualidad y el trabajo remoto en relación con sentirse más o menos observado. Este empleado me dijo: "Seguimos trabajando casi de manera normal, la cantidad de trabajo fue la habitual, sacando expedientes con dictámenes a ritmo casi normal. Pero se siente el hecho de estar menos vinculado con compañeros, lo que hace que por momentos te distraigas menos y puedas trabajar más, pero, por momentos, al estar menos observado, también puedas trabajar menos".

En algunos casos, la pandemia representó la primera vez que se realizaba teletrabajo en determinados organismos. Una empleada de **Migraciones** me comentó su experiencia: "Somos considerados esenciales por las entradas y salidas del país y el control de fronteras, así que en mi área hubo menos trabajo porque no había intercambio fronterizo. Fue la primera vez que hice *home office* y a pesar de eso me funcionó muy bien, incluso en temas que trabajamos junto con el Ministerio de Economía. Al principio nos sentimos descuidados porque los directivos quisieron que empezáramos a volver. Yo fui una semana a trabajar y me enfermé de Covid, así que no me sentí cuidada. Ojalá esto tenga un gran impacto porque el teletrabajo es muy beneficioso; yo pierdo mucho tiempo viajando.

"Creo que la experiencia de *home office* era totalmente

impensada en mi área y en muchas del Estado, donde era todo siempre cara a cara, aunque se pensara como algo a futuro —de hecho fantaseamos mucho diciendo 'ojalá se pudiera hacer *home office* y venir tres veces por semana nada más'".

Con la herramienta de estas entrevistas, me propuse entonces dar un paso más para sumar mi aporte y ofrecer distintas imágenes. Para poner un ojo —al menos— como cuando se mira a través de un catalejo, aunque en este caso, a través de un caleidoscopio a través del cual se ven diferentes fragmentos, cada uno con su color y tono. Para ayudarnos a tener una imagen que nos sirva para, en un futuro, adentrarnos cada vez más en este apasionante terreno del empleo en el Estado.

El peso del empleo público es enorme respecto del trabajo. Para dar una idea de magnitud, según datos oficiales de 2017, y haciendo una comparación entre países de América Latina, los sueldos del personal del Estado insumen en la Argentina el equivalente al 12,7 % del PBI. En Brasil es del 11,8 % del PBI, y en Chile, Uruguay, Perú y México, alcanzan entre el 6 % y el 7 % del PBI.

En la Argentina, durante la pandemia el empleo privado cayó y el empleo público tuvo un leve crecimiento. En los primeros ocho meses de 2020, en plena cuarentena, cayó un 5 % el empleo privado formal y aumentó 0,7 % en el sector público[16].

Durante la pandemia, el Estado hizo muchas adaptaciones y tiene margen para seguir avanzando en un camino de transformación digital y cultural, manteniendo su esencia y centrando el servicio al ciudadano, con nuevas expectativas y la posibilidad de que esos ciudadanos, por ejemplo, cada vez más prefieran ir menos tiempo a las oficinas o manipular papeles. Además, las nuevas generaciones han

---

16 https://www.infobae.com/economia/2020/12/12/en-2020-volvio-a-subir-el-empleo-en-el-sector-publico-mientras-cayo-5-en-el-ambito-privado-registrado/

nacido en el paradigma digital de aplicaciones web y gestiones online.

El estudio del BID (Banco Interamericano de Desarrollo) volcado en el libro *Transformación Digital y Empleo Público: el futuro del trabajo del Gobierno*[17] propone las siguientes recomendaciones:

- **Fortalecer los mecanismos de atracción y retención del talento digital** mediante vínculos con el sector académico, pasantías y otros alicientes para jóvenes profesionales; actualización de los sistemas de reclutamiento; contratos más flexibles, para atraer tanto a profesionales que busquen hacer carrera en el servicio público como a otros interesados en participar de esa estructura solo temporariamente. También se recomienda poner énfasis en cerrar la brecha de género, que es profunda en varios países de la región.
- **Invertir en capacitación digital masiva de los funcionarios públicos**. Además de la capacitación general, debe dárseles entrenamiento diferenciado a los especialistas digitales, a quienes requieran entrenamiento para asumir nuevos roles y a los líderes institucionales, a fin de familiarizarlos con la innovación digital y guiarlos en cómo apoyar los cambios de roles que experimenten sus colaboradores. Los líderes, además, deben ser los embajadores de la transformación. Serán los responsables de transmitir claramente cómo afectan los cambios a los empleados, de ajustar las expectativas y de generar un ambiente de calma frente a la transición que afronta la institución.
- **Crear mecanismos para manejar las disrupciones laborales que genera la transformación digital**, inclu-

---

17 https://publications.iadb.org/publications/spanish/document/Transformacion-digital-y-empleo-publico-El-futuro-del-trabajo-del-gobierno.pdf

yendo un diagnóstico de los roles más susceptibles de cambios o eliminación ante una reforma; más opciones de movilidad interna; gestión del cambio mediante un liderazgo sólido, comunicativo y transparente; y participación de los funcionarios en la preparación de las nuevas herramientas, para mejorar su diseño y reducir la oposición a su implementación. Además, involucrar a los usuarios en la preparación de las nuevas herramientas, para mejorar su diseño, ayudar a desmitificarlas, reducir la oposición a su implantación y aumentar su adopción.

- **Coordinar el trabajo de los responsables del cambio digital, la gestión del talento humano y el presupuesto**. Esto requiere un enlace entre las agencias que desarrollan la agenda de transformación digital, las de servicio civil y recursos humanos, y el Ministerio de Hacienda, así como con las unidades presupuestarias.

La pandemia puso en relieve la necesidad de adaptación del empleo público en América Latina; es esencial, por lo tanto, avanzar en la capacitación para la transformación del trabajo público, tendiente cada vez más al gobierno digital, para poder seguir estando a la altura de las necesidades y expectativas de los ciudadanos.

5. El líder de la nueva normalidad

En una organización con la cual trabajamos, analizamos una situación producida durante una entrevista de retiro de un colaborador. Nos habían llamado como consultora externa para hablar con la persona que iba a irse, para preguntarle qué había pasado, para analizar las circunstancias y, luego, ayudar a que la organización aprendiera, para no cometer los mismos errores.

Por lo general, este tipo de análisis se hace especialmente cuando se trata de alguien a quien interesaba retener. Por algún motivo la empresa no pudo hacerlo; en algunos casos, incluso no se advierte a tiempo que la persona se está por ir de la empresa y aparece la decisión como sorpresiva. En el ejemplo que quiero compartir aquí, se trataba de una profesional con mucho potencial, que prácticamente era una de las grandes apuestas de la empresa. Todos creían que su crecimiento iba a ser imparable. Era jefa de marketing en una empresa de capitales argentinos, una multilatina de las más importantes del mercado.

Cuando la entrevisté, entre otras cosas que se fueron repitiendo, me comentó una situación, que fue para ella significativa. "Cerca de fin de mes mi jefe me preguntaba por mi hijo. Primero pensé que era porque estaba cerca la fecha de principio del mes siguiente, y quizás él pensara que yo esperaba algún aumento, no sé, y empecé a buscar el motivo. Presté más atención y sucedía todos los días 29. El día 29 de cada mes, sostenidamente, me preguntaba por mi hijo".

Me quedé asombrado. "¿Qué puede tener eso de malo?" —le pregunté.

Entonces me contó que había descubierto que el jefe había señalado en un calendario preguntarle por su hijo. "Se ve que había ido a algún curso donde le habían dicho que había que preguntar por la familia. Como yo soy madre, siempre a fin de mes me preguntaba, y me di cuenta de que ocurría todos los días 29".

Le comenté entonces que quizás eso no fuera tan grave como para dejar su carrera, que seguramente la decisión se debía a una suma de motivos que se podrían ir desgranando y analizando. Quizás en la empresa hubiera instancias para ir planteando los diferentes temas, pero que ese hecho que tanto le molestaba tal vez no fuera tan determinante como para dar un portazo e irse.

"Lo que pasa es que yo tengo una hija" —me dijo de un modo contundente.

El jefe no solamente hacía depender su pregunta de un calendario para mostrar interés —que no era genuino—, sino que ni siquiera conocía bien a su colaboradora, o no había registrado si alguna vez le había dicho si tenía un hijo o una hija.

Imaginemos que este tipo de situaciones suceden, además, en un contexto dominado por la incertidumbre y el cambio constante y veloz acelerado por las consecuencias de la pandemia, tanto en nuestros ámbitos laborales como familiares, y en nuestro mundo interno.

Si además se combinan con poco "arraigo" a la empresa, al lugar, a los momentos de reunión; con el escaso conocimiento de los compañeros, es decir —después de la pandemia— con muchos menos encuentros y con dificultad para construir los momentos que esos encuentros conllevan, hay que estar doblemente atentos a estas cuestiones, que hacen al liderazgo y dejan impacto en la motivación.

El liderazgo se enmarca en este contexto en que el mundo del trabajo ha ido cambiando. Se habla del liderazgo 1.0, que tiene más que ver con lo que pasaba a partir de esta lógica de la Revolución Industrial, en la cual tanto el viejo Taylor como el viejo Ford básicamente necesitaban dos manos y dos brazos, y cuando no era imprescindible que el empleado pensara, porque la empresa le iba a enseñar todo lo que se necesitaba, y donde los líderes —para decirlo de un modo exagerado— también eran seleccionados por la posibilidad de infundir temor.

Uno de los supervisores que llevaba muchos años trabajando en una fábrica de neumáticos a la cual estábamos asesorando, me comentó: "A mí me eligieron por ser grandote y tener cara de malo". Esa era una de las competencias que se elegían en el ámbito de un liderazgo muy primitivo, si es que lo podemos llamar liderazgo.

El liderazgo 2.0 tiene más que ver con la lógica de la producción en masa y algunas ideas de la calidad total, con los grupos de trabajo a partir del toyotismo. Luego podemos continuar esta simplificación mencionando el liderazgo 3.0, atravesado por la informática y la automatización de los procesos. Y nos encaminamos hacia el liderazgo 4.0, que es el liderazgo de la Internet de las Cosas, el liderazgo de la virtualidad. Después vendrán, como en la película *Rocky*, liderazgos 5.0, 6.0, etcétera.

Así, queda planteada una pregunta: ¿cuál es el momento actual de liderazgo en América Latina? No me podrán decir que el liderazgo es 3.0, 4.0 o 2.0, sino que nosotros, en todo nuestro territorio tenemos, en diferentes grados, los cuatro momentos de liderazgo, a la vez vigentes e interactuando.

En una recorrida por muchos lugares, podemos encontrar desde trabajo precarizado a organizaciones paradigmáticas que tienen el modelo de liderazgo al estilo de Google, Facebook, o las locales Globant o Mercado Libre, o bien alguna otra organización vanguardista en su concepción del talento humano. Seguramente, tenemos en nuestras organizaciones un poco de cada etapa de liderazgo, que deviene de la cultura local, de la globalización y también de la cultura organizacional. En los últimos años, he podido observar este fenómeno también en otros países, como Ecuador y Colombia.

Así como la pandemia no es igual en cada uno de los rincones de la Argentina, tampoco ha impactado de igual manera en México, en España, ni en nuestros queridos vecinos de Chile o Uruguay.

Concretamente, he trabajado en una empresa multinacional de software, que tiene su sede regional más grande en Buenos Aires. En este caso, un vendedor que habían enviado a la filial de Perú tuvo hijas, mellizas, en 2020. A este colaborador le costó mucho organizarse para poder trabajar, incluso para poder participar en las videoconferencias. Entonces las redujeron a llamadas telefónicas, y aun así tampoco podía desempeñarse satisfactoriamente. Experimentó cuatro meses muy malos. Por fin, la empresa le alquiló un departamento cerca de su casa. Y si bien repuntó y mejoró, recién pudo hacerlo cuando su líder tomó conciencia de la magnitud del problema, cuando conversaron sobre posibles soluciones y finalmente este empleado logró un espacio para organizarse y tener intimidad.

Hemos visto que, en la pandemia, algunos profesionales sienten que por momentos el nuevo esquema consiste prácticamente en ser un terapeuta al mismo tiempo que un jefe. En un caso concreto, el gerente, un joven brillante sin familia a su cargo, me dijo: "A mí me contrataron porque soy ingeniero, no psicólogo". Luego fuimos trabajando con la empresa en lo que implicaba su rol, en las necesidades de su equipo, en el retorno de la inversión que podría implicarle el alquiler de un monoambiente para ese empleado, y sobre el compromiso que eso generaría en él. Los resultados iniciales parecen demostrar que fue una estrategia adecuada.

Aquí es recomendable hacer una pausa y analizar primero cómo estamos funcionando como líderes, pensarnos, autoevaluarnos, para luego continuar con algunas definiciones y recomendaciones. Este ejercicio también es aconsejable aun si no se ocupa una posición de liderazgo de equipo, para entender cuál es ese rol y qué mirada se propone para ese liderazgo cercano y artesanal.

Aunque no se lo piense así, el liderazgo es básicamente una disciplina artesanal. Y desde la pandemia por el Covid-19 en adelante, fueron surgiendo, cada vez con más fuerza, la necesidad del desarrollo de habilidades blandas y la elaboración de un camino de liderazgo emocional; exagerando un poco, la irrupción de un "líder psicólogo". Ese es el enfoque que propongo para el liderazgo y la motivación empática post pandemia. Un líder que promueva la salud mental en el trabajo. ¿Será posible?

5.1 Liderazgo ágil en un mundo post trauma

Respecto de la comunicación, el *feedback* y la ventana de Johari que presentamos en el apartado 1.4, podemos decir ahora que el modelo de liderazgo ideal sería que tuviera una ventana pública un poco más amplia, es decir, que hubiera un acuerdo entre lo que los otros saben de mí y lo que yo no sé de mí, y que vaya achicando mi área ciega. El área ciega es el área que se deberá trabajar, para ganar conciencia de lo que genero en los otros.

Desde la perspectiva de los colaboradores, la pandemia pone en evidencia la necesidad de que los líderes tengan un perfil más abierto, un mayor saber real sobre el área pública.

Se espera de los líderes actuales cercanía y más habilidades interpersonales para poder ser más efectivos. Los liderazgos actuales tienen que ver más con la empatía y con poder ponernos en el lugar de los otros. Es necesario, para eso, desde la perspectiva de la ventana de Johari, dejar de lado las jerarquías para poder lograr mayor conexión de persona a persona.

Esta recomendación parte del pedido de *feedback*. Antes el *feedback* se construía así: yo, en tanto jefe, te digo. Hoy cada vez más se trata de "conversemos, intercambiemos, para poder mejorar en mi rol de liderazgo y de este modo ser más efectivo en mi tarea".

A la vez, ¿qué puedo hacer para tener un área pública más amplia? Tengo que exponer más lo que pienso. A veces tengo una idea elaborada, no la expreso, pero emito una conclusión. Y esa explicación de lo que fui considerando para llegar a una conclusión —que en términos operativos puede ocasionar decisiones concretas de gestión— no queda clara para el equipo. Se trata, entonces, de expresar más lo que vayamos pensando.

Es importante exponer más nuestras ideas y, por otro lado, pedir *feedback*. Esta es una práctica, una herramienta contracultural de liderazgo. Se quiere decir con esto que, habitualmente, y en el mejor de los casos, los líderes damos *feedback*, pero no lo pedimos. Si tus colaboradores son tus clientes internos, por decirlo de algún modo, entonces es importante pedirles *feedback*, que se expresen acerca de cómo sos vos como líder. Quizás te avisen, en el mundo real, temas que están presentes en la relación, de algún modo negados… o virtualmente ocultos.

Propongo entonces compartir algunas claves del liderazgo, especialmente para esta nueva realidad que nos deja la pandemia, y que demanda un liderazgo ágil, adaptativo al contexto post pandemia, y cercano, para generar vínculos saludables con los colaboradores, los proveedores, los clientes y los equipos de trabajo.

- La primera clave del liderazgo ágil tiene que ver con **construir una visión y compartirla**, una visión que esté atravesada por cierta pasión, es decir, se necesitan líderes que tengan un propósito, porque los colaboradores necesitan saber para qué hacen lo que hacen, saber en qué aportan valor al equipo, al grupo y a la organización. La visión tiene que ser clara y estar bien comunicada, hay que poder llegar con la comunicación a cada colaborador, para que entienda cuál es el propósito y en qué agrega valor. Esta visión es inspiracional y establece un panorama a largo plazo.
- La segunda de las claves del liderazgo ágil tiene que ver con **agregar valor al cliente**. La guía de nuestra tarea, la guía de nuestro negocio debe ser nuestro cliente, debe estar en el centro, por la particularidad del negocio —o el servicio—, por lo indispensable que es para cada uno de nuestros clientes. También podemos pensarnos como "trabajadores esenciales". Somos esenciales para los otros, entonces es importante tener la claridad de saber que en algún punto el cliente nos conduce, nos motoriza, es decir, que el cliente es el que está en el centro, al que tenemos que brindarle servicio. También tenemos que tener bien in mente el pensamiento de cómo hacer para agregar

valor al cliente. Entonces, la segunda clave es un liderazgo centrado en agregar valor al cliente[18].

- La tercera clave consiste en **ayudar a los colaboradores a entender dónde estamos**. En este tiempo de incertidumbre que trajo la pandemia, tenemos que poder dar cierta perspectiva de dónde estamos y hacia dónde vamos, porque se trata de un momento nuevo complejo, cuando es importante tener algunas posibles certezas. Por un lado, esto se alinea con la visión, se desprende de ella, pero implica "bajar" esa visión en el corto plazo. De manera gráfica, proceder como cuando en un GPS pasamos de ver el mapa desde arriba, con todo el recorrido, y luego presionamos "cómo llegar". Entonces la imagen se sitúa desde una perspectiva al ras del piso, donde ya empezamos a dar los pasos para avanzar en el camino antes delineado. Esta práctica nos da un panorama más claro de hacia dónde nos dirigimos, de la construcción compartida, hace que tenga sentido el día a día, y que tenga utilidad lo que yo aporto al grupo, al equipo y a la organización.

- La cuarta clave está relacionada con **la transformación y la mejora continua**. La post pandemia será un momento de cambio cultural para toda la sociedad, y para las organizaciones de trabajo en particular. Muchas veces se tratará de una transformación digital, y otras, de transformación del *mindset* —el conjunto de pensamientos y creencias que formatean nuestra

---

18 Como cliente se podría entender también el cliente interno. Entendido como aquel que es parte de la organización a quien le brindo servicio. Si bien es didáctico el concepto de cliente interno, desde la perspectiva ideológica no me resulta útil. Se podría correr el riesgo de olvidar que somos colegas, compañeros y, como sostiene Dejours, uno de los reconocimientos más valiosos proviene de nuestros colegas y compañeros que conocen el real esfuerzo del trabajo, cosa que el cliente interno, o el externo, muchas veces ni sospechan.

mente—. Entonces, ser ágiles requiere poder transformarnos ágilmente —valga la redundancia—; vivir adaptados al cambio, desarrollar y aplicar la mejora continua, así como también abrazar y liderar el cambio que, en este caso, va a estar fuertemente traccionado por esa transformación de los modos de organización del trabajo y que requiere, sobre todo, una transformación cultural.

- La quinta clave está en relación con **la actitud de aprendizaje continuo**. Estamos en un mundo de conocimiento, en una sociedad del conocimiento, y entonces, como líderes, empujados para enseñar y también para aprender. Cuando yo empecé a trabajar, un jefe me dijo "no te pago para que pienses". En nuestros días esa frase sería casi un pecado, si tomamos en cuenta que el conocimiento es dinero. Así, en esta sociedad de alta complejidad, es muy probable que yo como jefe sepa menos de algunas cuestiones que mis colaboradores, y que también tenga que generar alianzas para poder construir nuevos aprendizajes.

- La sexta clave es **el liderazgo como servicio**. Esto significa que hoy un líder ágil tiene que brindarles servicio a sus colaboradores, es decir, brindarles herramientas, facilitar procesos y, sobre todo, levantar aquellas barreras organizacionales que impidan nuestra productividad, no para que trabajemos más, sino para que trabajemos mejor. Esta clase de liderazgo implica brindar servicio para que los equipos y los colaboradores sean más efectivos. Tiene que ver con el modo en que el líder facilita determinados procesos, el modo en que propicia determinadas alianzas, con el modo en que posibilita la satisfacción de las necesidades, con un modo de ser proactivo en cuanto a las herramientas requeridas. Y para eso, el líder tiene que estar "ahí", estar en contacto.

- La séptima clave es fundamental dentro de las distintas claves del liderazgo ágil, del liderazgo adaptativo, porque tiene que ver con **la creación de climas de trabajo colaborativos**, sobre todo en este contexto complejo, en este momento de incertidumbre. Cada vez más nos damos cuenta de que solos no podemos hacer nada, que el trabajo es colectivo, que necesitamos de los otros, que necesitamos de nuestros pares, que tenemos que hacer buenas alianzas con nuestros proveedores, que tenemos que generar buenos vínculos con nuestros clientes pero, fundamentalmente, construir un espíritu colaborativo al interior de la organización.

En el pasado, algunos jefes tenían aquella lógica de "divide y reinarás", o ponían a competir a dos equipos, y la verdad es que esas prácticas a largo plazo resultaban tóxicas. En este momento necesitamos todo lo contrario, necesitamos la cooperación, necesitamos la confianza, necesitamos la posibilidad de ser cercanos con los otros, de poder construir empatía. Entonces, esta séptima clave exigirá construir buenos climas de trabajo, climas colaborativos con las personas que están en el centro. Lo que nos tiene que importar son las personas, que son las que agregan valor a la organización. Si las personas, los equipos, los colaboradores obtienen buenos resultados, el líder va a beneficiarse y la organización también. De manera que, desde todo punto de vista, estamos hablando, en principio, de un buen negocio en términos de resultados pero, sobre todo, de un buen negocio a nivel psicológico. Un buen negocio en cuanto a la emocionalidad que el líder debe construir en este momento tan complicado.

Dentro de estos climas colaborativos, es indispensable reconocer y recompensar; necesitamos en este momento de inestabilidad emocional, cuando nuestros estados afectivos están cambiantes, la posibilidad de comprender las emociones de los otros, y también celebrar los logros, los aprendizajes y los esfuerzos.

Con referencia a otras crisis vividas por el país, dentro de algunas organizaciones, aun luego de diez años, todavía muchas personas recordaban —y les comentaban a sus colegas— cómo se habían comportado sus jefes en aquel difícil momento.

Como mencionamos anteriormente, estamos dejando huella, una huella individual, una huella colectiva de lo que van a pensar nuestros colaboradores de nosotros a futuro. Y entonces el vínculo emocional con el otro es central, por eso la octava clave es el liderazgo cercano.

- Octava clave: El liderazgo cercano tiene que ver con **salir de las oficinas, recorrer los espacios, estar donde las cosas suceden**. No olvidar; si es posible, también estar en el terreno, no mirar la realidad desde el Excel. Esto significa que, si bien es cierto que podemos conocer el mapa, el territorio es otra cosa, entonces, para aquellos que tienen la posibilidad de estar en los lugares de trabajo, esta es una recomendación: el liderazgo cercano. Aquellos que lideran equipos que trabajan de manera remota, no deben olvidar aplicar el "*high-tech, high-touch*". También, deberán inventar algunas estrategias para instrumentar con aquellos a los que no pueden ver, para estar emocionalmente cerca. Antes era más habitual tener la visión de todos los integrantes del equipo, se podía "semblantear" con mayor facilidad cómo estaban, verles la cara, ver la gestualidad de su cuerpo. Hoy, en muchos casos, media la distancia, y el barbijo impide percibir muchas de las cosas de las que no me puedo dar cuenta solo con la mirada. Entonces, para que este liderazgo cercano sea efectivo, habrá que tener habilidades para conversar, para hacer buenas preguntas, para saber cómo vincularse con los otros.

- La novena clave es **el liderazgo consciente**. Cada uno de nosotros tiene una personalidad, tiene un modo de ser y tiene un estilo de liderazgo, que genera impacto en los otros. Todo lo que hacemos genera impacto en los demás, con la particularidad de que el líder es el más mirado, es el representante en carne y hueso de la organización.

  A propósito, estando en plena pandemia, pasábamos por una planta con su gerente de Producción y fue en ese momento cuando el personal comenzó a colocarse los elementos de protección. Aquí habría que analizar dos cuestiones: la primera es que, evidentemente, no estaba muy afianzado el uso de las herramientas de seguridad entre el personal, y la segunda, que probablemente el jefe generara cierta tensión.

- La décima clave es **estar consciente del impacto que uno provoca**.

  Te propongo que indagues, que preguntes, que te autoevalúes. ¿Cómo es tu estilo de liderazgo? ¿Qué estás provocando en los otros? ¿Qué estás generando? ¿Estás generando buenos climas? ¿Estás generando tensión? ¿Estás generando temor? Y eso que estás generando, ¿te viene bien?, ¿te sirve? Probablemente estés generando algo que no te guste. Tengo que saber esto, saber qué se genera en los demás con el propio estilo de liderazgo. Ser consciente. Tengo que ser estratégico para hablar con un colaborador y también para hablar con el otro, porque sabemos que no todos somos iguales y no llegamos a todos de la misma manera. Como dice Ken Blanchard —un autor que me gusta mucho— "No hay nada más injusto que tratar a todos nuestros colaboradores como si fueran iguales". Esto es parte del liderazgo consciente, la novena clave de liderazgo ágil.

- La decimoprimera clave es la del **liderazgo ágil**, **que es la clave del liderazgo adaptativo**.

En términos generales, antes de la pandemia teníamos en claro qué teníamos que hacer frente a determinadas circunstancias, sabíamos qué solución tenían. Algunas de esas cuestiones que teníamos claras siguen estándolo y otras han cambiado. Algunas necesitan respuestas técnicas, por ejemplo, "bueno, tenemos un problema con la máquina, tenemos conocimientos de esto, de cómo resolverlo", y entonces la respuesta técnica va a ser eficaz. Pero el mundo ha cambiado, al igual que muchos de los manuales del liderazgo —digamos que ya no tienen vigencia— y con la pandemia muchos de esos manuales "volaron por los aires". Al atravesar por un suceso sumamente disruptivo como la pandemia, para el cual no estábamos técnicamente preparados, y ser atravesados por él, una serie de herramientas técnicas, de respuestas técnicas que antes teníamos, a partir del coronavirus ya no sirven. Entonces, tenemos, frente a la situación que nos deja este hecho disruptivo, más desafíos adaptativos que desarrollar. El liderazgo adaptativo tiene el poder, pero cede la autoridad, entonces, ¿qué quiere decir esto? Quiere decir que probablemente las respuestas no las tengamos nosotros, que las tengan otros. Así, es parte del liderazgo adaptativo animarse a delegar, animarse a empoderar a otros, animarse a habilitar a otros para que puedan actuar, para que puedan ensayar respuestas adaptativas a situaciones complejas.

En este largo período 2020/2021 nos cambiaron las preguntas, y estas preguntas no se responden con las respuestas que disponíamos antes. En este mundo post pandemia que viene, de incertidumbre, no se va a poder recurrir a soluciones viejas, sino que entre todos tenemos que construir soluciones nuevas, soluciones adaptativas y soluciones flexibles que puedan ser aplicables a este nuevo mundo que se nos vino encima. Así, esta decimoprimera clave es la del liderazgo adaptativo, la de las soluciones adaptables al marco de incertidumbre, la de atreverse a empoderar, de delegar en otros, de habilitar a otros para actuar.

Dentro del liderazgo adaptativo existen cuatro herramientas fundamentales para poder llevarlo adelante.

- La primera de estas herramientas es poder activar. ¿Y qué quiere decir poder activar? Se trata de plantear claramente cuáles son los objetivos, cuáles son las expectativas, qué es lo que necesitamos resolver, hacer un claro marco de análisis. Entonces, debemos ser los primeros en activar —activarse uno y activar el equipo— a partir de nuestro marco de situación, de nuestros objetivos, de nuestro análisis.
- La segunda de las herramientas es poder abrirse a las ideas. Como no tenemos las respuestas previas, ya que se trata de un registro nuevo, entre todos vamos a tener que darles paso a las ideas. Podemos trabajar con un montón de herramientas que tienen que ver con facilitar la creatividad —como la tormenta de ideas o *brainstorming*—, pero lo principal, antes que las técnicas, es la humildad necesaria para tomar la idea del otro como valiosa. De este modo, será posible armar una hoja de ruta que nos permita guiarnos en este contexto BANI.
- Como tercera herramienta, una vez identificadas las ideas, tenemos que llevarlas adelante, y posibilitarnos un margen para aprender de los errores. Debemos recordar —y recordarnos— que estamos en un mundo de incertidumbre y que no tenemos todas las claves.

Entonces, debemos animarnos a hacer, a actuar, en este mundo de transformación, tanto digital como cultural. Tenemos que medir, tenemos que obtener resultados, tenemos que analizar, y tenemos que construir más ideas para lo que va a venir. Pero sobre la base de esta premisa de hacer y transformar.

- La última clave tiene que ver con anclar los conocimientos, anclar los indicadores, anclar la comunicación de lo que hemos obtenido. Se trata de una recapitulación de los procesos, para poner en valor lo que se ha trabajado, las soluciones y los resultados obtenidos. Al mismo tiempo, es momento de documentar lo aprendido —explicitar los aprendizajes, como un legado— y también momento de reconocimiento de los logros.

Recapitulando, contamos con estas cuatro herramientas: a) activar objetivos; b) generar ideas; c) hacer —es decir, llevar a la práctica—, y d) anclar resultados y anclar conocimientos.

Es necesario pensar el liderazgo adaptativo —Heifetz, 2009— en las circunstancias post Covid.

Anteriormente, si uno tenía un problema acudía a una respuesta técnica. "Se me rompió la computadora": respuesta técnica. "Tuvimos problemas con los camiones": respuesta técnica. Pero hoy, las respuestas requeridas son respuestas en construcción, respuestas adaptativas para un mundo desconocido, porque el mundo actual presenta desafíos que requieren soluciones adaptativas. Hoy necesito, además, entender también qué es lo que le está pasando al otro, pero tengo que operar desde mi lugar de liderazgo. Tal como un médico, que necesita entender qué le pasa al otro, pero no puede quedar atrapado por ese otro, necesita operar desde su lugar, porque de lo contrario, va a perder su habilidad de operar, de actuar.

Para un nuevo liderazgo, será fundamental, entonces, poder construir nuevos encuadres de trabajo. Dar autonomía, privilegiar la confianza por sobre el control. No se puede estar en la casa de cada uno viendo lo que hace, como no se podía estar en la mente de cada uno recorriendo sus pensamientos. La única posibilidad es apostar a la confianza.

Será necesario buscar información confiable y transmitirla. Durante la pandemia se vivió el efecto de la sobreabundancia de información y de las *fake news*, que van a persistir.

Habrá que evitar la "reunionitis", porque si bien esto es muy importante, cuando estamos trabajando en la virtualidad o al trabajar en este momento de cuasi post pandemia, nos afecta mucho más el estado emocional. Por otro lado, el que tiene la oportunidad de trabajar en la calle lo hace con la presión del temor a contagiarse, a veces dudando de la efectividad de la vacuna que le aplicaron, o temiendo que el que le habla sin barbijo no esté vacunado —o aun si lo estuviera, temiendo que pueda estar esparciendo virus—, deseando que luego del Covid-19 no aparezca otro virus, etcétera.

Se irán construyendo entonces "líderes boutique"; más situacionales, líderes que no caigan en la trampa del *micromanagement*, pero que puedan entender la particularidad de cada colaborador y apoyarlo sin ponerse a hacer su tarea.

5.1.1 La trampa del micromanagement

Un pecado frecuente en el liderazgo consiste en que los líderes se ocupen de hacer tareas que no agregan valor, y se conoce con el nombre de *micromanagement*.

Por ejemplo, si soy gerente de una concesionaria Toyota y viene un cliente que conozco, y me comenta que tiene un problema en la cubierta con su Toyota Corolla, yo, como gerente, tengo dos opciones: una es resolverle el problema delegándolo en el que sabe; la otra opción es la del *micromanagement*: le propongo yo cambiarle la cubierta. Ahí está la trampa.

En realidad, ya hay alguien que está contratado para resolver esa situación, yo solo tengo que dedicarme a lograr que ese cliente esté conforme. Mientras otro le arregla o cambia la cubierta, me dedico a ayudarlo a pensar en comprar un auto nuevo. Eso es lo que va agregar valor a la organización. Que el técnico arregle, que el vendedor venda, que el gerente gestione.

El peligro del *micromanagement* es el de dedicarnos a hacer cosas que no agreguen valor y que puedan ser delegadas. En muchas oportunidades, los líderes con los que trabajo argumentan: "Pero eso requiere tiempo". Sí, eso requiere tiempo, es una inversión que me va a rendir crédito. Yo invierto enseñándoles a las personas, invierto capacitándolos, invierto delegándoles, invierto en esta posibilidad de permitir cierto margen de error, para poder estar más liberado y hacer cosas que realmente agreguen valor.

Durante la primera etapa de la pandemia fue común observar cierta sensación de emergencia por la cual había que ocuparse de muchos detalles. Lo más adecuado sería trabajar sobre la emergencia, pero luego organizar un esquema capaz de prever cómo actuar en futuras emergencias. Y así no caer en la trampa del *micromanagement*.

El líder que delega, que organiza y que es empático, potencia lo mejor de cada integrante del equipo, suma valor. Como ya se ha visto, quizás se requieran líderes "más psicólogos que ingenieros", o al menos una mezcla de ambos.

Los desafíos de estos líderes serán, también, renovados.

En el mundo híbrido que nos ocupa habrá integrantes de las empresas que trabajen en forma remota la mayor parte del tiempo. Empleados que no han ingresado a la oficina de la empresa, ni en la entrevista de trabajo ni en sus primeras semanas de relación con jefes y colegas.

Uno de los desafíos que nos esperan consiste, por ejemplo, en lograr que un nuevo equipo de trabajo se sienta parte de la organización sin haber pisado la oficina. Que pueda "ponerse la camiseta" virtual.

5.2 Motivación. De las heridas a los nuevos lazos

Nuestra mirada sobre el liderazgo también incluye poder pensar acerca de las personas que son lideradas. Sobre ellas, sobre todos nosotros, la pandemia ha llegado con la sorpresa de un latigazo virtual. Incluso, en algunos casos, dejando marcas, como las de un "latigazo" no tan virtual, heridas en el alma, frustraciones, desencuentros, pérdidas. Y los problemas y desafíos del mundo del trabajo se presentan en este contexto.

Por otra parte, los grupos de trabajo que han logrado reorganizarse, cooperar y trabajar pese a todo, aquellos que han conocido la situación personal de sus colegas más a fondo, los que literalmente han compartido sus casas en esas imágenes transmitidas por Zoom, en las que todos hemos observado y hemos expuesto algo del propio mundo; esos grupos que han atravesado la pandemia superarán el latigazo, que ya no tendrá la potencial letalidad de 2020-21; en cambio, podrá pasar a constituir un lazo.

Antes de la pandemia, había equipos ya fuertes que quedarán más reforzados. También aparecerán diferentes tipos de situaciones, como casos de sobreadaptación o casos que necesitarán rehabilitación. Es aquí cuando surge la noción de empatía y el recuerdo de cómo, en un momento de angustia e incertidumbre, un líder, o un compañero, o aun un colega, fue capaz, o no, de ponerse en los zapatos del otro.

Es este un momento de la perspectiva de la motivación, de la perspectiva del trabajo, que se denomina "momento de la verdad". Por ejemplo, uno paga el seguro de su vehículo desde hace un tiempo; en el camino a Santa Fe, en medio de la ruta, surge un problema con el auto. Se recurre entonces al auxilio mecánico que provee el seguro, y es ahí donde aparece el momento de la verdad. Porque, como clientes, vamos a poder evaluar si los dos o tres años durante los que pagamos valieron la pena o si nos defraudaron; porque ese es el momento en que más voy a necesitar ese seguro. De cómo sea esa experiencia vivida como clientes, dependerá la decisión de continuar pagando o si rápidamente hay que cambiar de seguro. A eso me refiero con la expresión "momento de la verdad".

Así como nos hemos referido a la pandemia como a un gran "momento de la verdad", también —desde la perspectiva de experiencia personal, en relación con nuestros jefes o líderes, y en relación con organizaciones o empresas— existen momentos que dejarán una huella imborrable, y esta **puede ser positiva o no, dependiendo de las acciones y de la subjetividad asociada**.

Si trasladamos esta circunstancia al mundo del trabajo, hoy estamos en ese momento de la verdad, y los equipos de trabajo, los colaboradores de la organización, van a recordarlo durante años.

Sin romper la confidencialidad con lo que sigue, porque se trata de una buena práctica que ya se ha comentado, trabajo desde hace mucho con la empresa Arcor, y en 2010 estábamos generando un programa para jefes y gerentes de liderazgo. Habían pasado nueve años de la crisis argentina de 2001, y todavía me seguían contando que, en ese crítico 2001 —en Arroyito, Córdoba— la empresa no había echado a nadie. Esto significa que aquel momento de la verdad dejó huellas durante nueve años.

Entonces, en este momento de la verdad para el mundo del trabajo, dependerá de nosotros la huella que dejemos en los demás. De cómo respondamos hoy como líderes, de qué empatía tengamos, qué confianza. Dependerá de cómo trabajemos respecto de la motivación, de cómo nos adaptemos a este nuevo mundo. Así será la huella que dejaremos para los próximos años. Y nuestra conducta en estos tiempos pandémicos también va a dejar una huella en la historia de la organización.

Aquel "látigo" que significó la aparición de la pandemia puede ir transformándose lentamente, y con un buen trabajo sobre el contenido humano de los liderazgos y de los equipos, en unión. El recuerdo del azote pandémico puede unir, aun a la distancia, a los integrantes de esos grupos que hubieran sabido ayudarse, que habiendo pasado momentos difíciles queden más unidos... con marcas, sí, pero con nuevos lazos.

5.3 Balance post pandemia: lo que perdimos y lo que ganamos

La comunicación emocional, la del contacto, en parte, se ha perdido. Incluso la atención que se recibe cuando se hace una actividad en un grupo se ha modificado, a la luz de las limitaciones de la no presencialidad. En una reunión presencial, la posibilidad de "perder a alguien", de perder su atención, no era tan frecuente. Ahora lo es y solo basta con el simple hecho de anular la cámara.

"A la hora de la comida, con los chicos en casa, la verdad es que yo seguía escuchando las reuniones, seguía en el Zoom pero solo escuchando, puse el volumen de la compu bien alto y mientras, cocinaba". Con esas palabras le habló una colaboradora a su jefe de área, quien me planteó el caso con cierto enojo. Pero luego analizamos la complejidad de las situaciones y la solución fue simple: las reuniones semanales de supervisión del equipo de ventas del mediodía pasaron a realizarse de ocho a nueve de la mañana, cuando los niños todavía estaban durmiendo y en un espacio que es percibido como "ganado". Normalmente, era el espacio —y el tiempo— en el que en las casas debían vestir a las apuradas a los chicos para llevarlos a la escuela —al menos en el caso concreto de esa madre—, o ya estaban apurados, en viaje hacia la oficina. En cambio, ahora estaban disponibles para un *call* con cámara incluida, y el espacio del mediodía quedó liberado.

Con la virtualidad se pierden muchos matices y hay que encontrar metodologías para suplirlos.

En algunas empresas, dábamos unas capacitaciones en empresas con instrumentos musicales que primero se tocaban en forma individual, luego por grupos, y finalmente coordinados en un ensamble. Esa actividad —que resulta un buen disparador para la organización del trabajo en equipo— no se pudo hacer por Zoom, entre otras cosas por los distintos niveles de conexión, la dificultad para escucharse, las diferencias de *tempo* y la falta de coordinación.

El propio hecho de suspender esa actividad de capacitación es un indicador de la pérdida de ciertos momentos, de la dificultad para lograr ese fuego creativo alrededor del cual muchos equipos funcionan mejor, como al calor de una fogata grupal.

Incluso se perdieron los viajes a reuniones y conferencias. Las conferencias se pudieron escuchar igual. Pero lo mejor de las convenciones, muchas veces, no son las conferencias, sino las charlas de café. No se trata solo de la convención, sino del encuentro que se da con colegas, clientes y proveedores en esos momentos informales de intercambio.

Paralelamente, durante la pandemia se ganó, también, al no tener que viajar hacia el trabajo. No viajar implica el manejo de los propios tiempos. En las grandes ciudades, muchas veces esos traslados superan la hora de viaje, es decir, que pueden invertirse más de dos horas entre ida y vuelta.

De manera que ese tiempo extra permite reorganizar la vida, hacer compras, estar más con los hijos, ocuparse de algunos detalles olvidados de la casa.

Cada uno tendrá que hacer su propia cuenta de lo perdido y lo ganado, en un año en el que en general todos hemos perdido algo. Pero hacer el balance puede ayudar a encarar el futuro rearmando las prioridades, tratando de mantener una porción de lo ganado y de minimizar la repetición de lo negativo; buscando una mayor calidad de vida mientras van sanando las heridas de los momentos traumáticos.

En la tradición judía, hay un día en el año que tiene un significado muy especial: es *Iom Kipur* —el Día del Perdón—. Independientemente de que es preferido ayunar, se trata de un momento para hacer un balance y tomar conciencia de lo que se ha realizado a lo largo del año, de los actos correctos y de los incorrectos. Tomando ese ejemplo, considero imprescindible balancear también cuáles han sido nuestros aprendizajes de la pandemia, ya sea como individuos, como equipo, o como organización. ¿Qué heridas nos quedaron individualmente? ¿Qué heridas quedaron al interior del equipo y de la organización? ¿A quién debería pedir perdón, qué errores cometí y qué errores cometimos? ¿Qué reconocimiento y qué agradecimientos queremos hacer?

5.4 Riesgos psicosociales

La pandemia provocó la puesta en foco sobre el impacto de los riesgos psicosociales, así como en la necesidad de desarrollar entornos adecuados para los trabajadores. Trabajadores de la salud, y otros denominados esenciales, que nos permitieron a todos tener los supermercados abastecidos, que se ocuparon de que hubiera energía, alimentos, transporte, medicinas disponibles, para nombrar solo algunos de los factores humanos clave para atravesar la pandemia.

Además de impactar en la salud física, la pandemia también trae como consecuencia un impacto psicosocial. Provoca efectos nocivos en la salud mental y en las emociones de la población. Respecto de los riesgos psicosociales del trabajo (RPST), Julio César Neffa define: "Los factores de riesgo presentes en la actividad laboral incluyen entonces a los establecimientos, los objetos, insumos, medios de trabajo y fuentes de energía, así como al contenido y la organización del trabajo, que pueden provocar a corto, mediano o largo plazo accidentes de trabajo y enfermedades profesionales que dañen la salud física y biológica de los trabajadores. Progresivamente, a medida que fueron cambiando los procesos de trabajo y las investigaciones no se limitaron al impacto del trabajo sobre el cuerpo humano, se han incluido los factores de riesgo psicosociales en el trabajo (RPST) que tienen dimensiones específicas e impactan directamente sobre las dimensiones psíquica y mental del trabajador. Los riesgos pueden ser de diversa naturaleza: agentes externos al organismo que impactan sobre la dimensión biológica del trabajador al movilizar sus capacidades de adaptación y de resistencia para defenderse individual o colectivamente; o factores de riesgo psicosocial (RPST) que repercuten sobre los mecanismos psíquicos y mentales provocando tensiones o estrés que luego pueden somatizarse".

Como es evidente, los riesgos psicosociales están relacionados con otros riesgos y son producto del entrelazamiento de las condiciones externas de amenaza, y/o internas de vulnerabilidad. También se relacionan con otros riesgos, como el económico, los sanitarios o los ambientales.

Los ambientes laborales tienen impacto sobre nuestro bienestar. Algunos perjudican nuestra salud física y mental. La prolongación en el tiempo de esos aspectos negativos va incrementando una serie de riesgos psicosociales.

Los riesgos psicosociales son características que se derivan del trabajo. Incluyen las deficiencias en el diseño, en la organización del trabajo, en el modo de gestionarlo, y también en el contexto ambiental y social. Pueden producir impactos psicológicos, físicos y sociales no deseados, como, por ejemplo, estrés, *burnout* —que significa estar "quemado" por el trabajo— e incluso depresión.

Los que siguen son algunos factores de aparición frecuente:

- Dinámica tóxica en los vínculos de trabajo, la falta de comunicación clara, la falta de confort psicológico en el vínculo con los líderes, los clientes o los compañeros.
- Exigencia de tiempos y de carga de trabajo imposibles de realizar.
- Poca claridad en la función, puesto y tarea; indicaciones contradictorias.
- Falta de libertad en el modo de desarrollar la tarea y falta de participación e influencia en la toma de decisiones, así como en los tiempos de ejecución del trabajo.
- Demandas psicológicas de ocultamiento de las emociones, sensoriales y cognitivas.
- Mala gestión de los cambios organizativos.
- Inestabilidad y falta de seguridad en el trabajo.
- Hostigamiento físico, abuso psicológico y/o sexual.

Para poder desarrollar entornos de trabajo saludables es necesario evaluar estos riesgos psicosociales de manera frecuente. Desde la perspectiva de los resultados, está demostrado que las personas tienen un mejor rendimiento, se enferman menos, se ausentan menos y se accidentan menos cuando se desempeñan en mejores lugares para trabajar.

El *home office* explotó en pandemia y entonces los riesgos psicosociales asociados con el teletrabajo se incrementaron. El aislamiento y la soledad se acentuaron por la falta de vínculos laborales que brindan significado e identidad social, e impactaron en la salud mental de los trabajadores.

Los entornos de trabajo que estimulan, motivan y generan reconocimiento producen mejores resultados que aquellos donde reina el hostigamiento. La falta de *feedback* y el mal liderazgo son factores que alimentan buena parte de los riesgos psicosociales más frecuentes.

Respecto de algunos jefes, podemos pensar que no son líderes, que solamente gestionan desde el temor o la jerarquía y no desde la confianza. Jefes que generan sufrimiento, que hacen de cada conversación un pase de factura y que pocas veces propician el desarrollo del talento, el reconocimiento. Jefes para los cuales sus colaboradores solamente son instrumentos, herramientas, recursos y no personas. Jefes que compiten con los miembros de su equipo y solamente cooperan cuando esa conducta es de su conveniencia. Está comprobado que los malos jefes o los "antilíderes" son, indudablemente, una de las razones principales del sufrimiento psíquico.

El alcance del impacto psicosocial post 2020 encontró organizaciones más preocupadas por lo económico que por las personas, pero también otras más atentas a su gente que a la economía.

Como ya se mencionó, estas situaciones dejan una huella en la memoria colectiva de la organización, que durará por tiempo prolongado y será un recuerdo positivo o negativo, dependiendo de las diferentes experiencias de los colaboradores.

Por otra parte, la ansiedad, la angustia y la depresión, sumadas a los conflictos domésticos, así como la incertidumbre, fueron de gran impacto sobre los teletrabajadores.

Los riesgos psicosociales del teletrabajo ya tienen nombre: la fatiga informática, el tecnoestrés, el "FOMO" laboral (*fear of missing out,* miedo de perderse algo), la nomofobia (el miedo irracional a estar sin el celular), el aislamiento laboral, el "síndrome de la cabaña" (el temor de salir de la casa).

Entre otros riesgos psicosociales que parecen haberse inoculado en las organizaciones y en las personas como semillas —o bombas de tiempo—, es posible que se sienta angustia y culpa por la mala conectividad, la doble jornada laboral, la pérdida de la identidad laboral y corporativa. El desarrollo y las consecuencias de estos riesgos, en toda su dimensión, aún están por verse.

Con el foco puesto en el mundo del trabajo, es imprescindible reconocer las diferencias de vulnerabilidad de los distintos grupos poblacionales de la organización. Merecen especial atención los contrastes vinculados con las diferencias de género, el nivel socioeconómico, la edad, etc. En general, los grupos más vulnerables son los que han tenido mayores pérdidas y, por lo tanto, tendrán más dificultades para reconstruir sus vidas y sus redes de apoyo social con posterioridad a la pandemia.

A partir de esta situación, se podrían aplicar los principios generales para la planificación e implementación de la atención psicosocial en una situación de epidemia, que podrían servir como base de un plan de acción post pandemia en una organización de trabajo:

- La evaluación rápida de las necesidades psicosociales, que sirva de base a las actuaciones en su fase inicial.
- La intervención psicosocial debe ser temprana, rápida y eficiente.
- Las metodologías de trabajo deben ser ágiles, sencillas y concretas, así como flexibles y adaptadas a las características étnicas y culturales.
- La creación de ambientes seguros, y la promoción de la vida comunitaria, tanto como dar apoyo al reagrupamiento familiar.
- La readaptación activa. Esto significa el reinicio de las actividades cotidianas de la comunidad, incluyendo el trabajo y la actividad escolar de los niños.
- La generación de espacios comunitarios de apoyo mutuo.
- La escucha proactiva de las necesidades de los colaboradores en sus propios espacios formales o informales, en cambio de esperar que se acerquen a los servicios de salud. La prevención activa.

- El apoyo emocional tiene que estar integrado a las tareas y no estar constituido por acciones aisladas.
- El soporte emocional de las personas en duelo, favoreciendo los funerales y ritos aceptados culturalmente en su grupo.
- El fomento del establecimiento de alianzas y la participación de los diversos actores sociales.
- El sostener acciones post pandemia, tanto en el mediano como en el largo plazo, para fortalecer los avances logrados.

5.5 Trauma post Covid. El impacto del regreso

Yo veo al futuro repetir el pasado.
Veo un museo de grandes novedades.
Y el tiempo no para.
no para,
Yo no tengo fechas para recordar.
Mis días se gastan de par en par
buscando un sentido a todo esto.
(BERSUIT VERGARABAT, *El tiempo no para*)

La pandemia generó importantes niveles de agotamiento, de cansancio físico y psíquico. Por un lado, hay más esfuerzo de gente que tiene que lograr la misma producción, sin algunos compañeros que no pudieron trabajar más por ser población de riesgo. Pero además, hay otra situación que tiene que ver con la lógica de la resiliencia. Tenemos un reservorio de energías para situaciones de estrés. Pero la pandemia nos implicó estar, vivir siempre usando el tanque de reserva.

El desgaste también se produce por tener que simular que vivimos en normalidad, cuando estamos en un momento de crisis, no solamente de salud física, mental y económica.

Sobre todo cuando ya éramos "sujetos del rendimiento" agotados, cansados, con exigencias en ocasiones desmesuradas.

El concepto de *estrés post traumático* tiene que ver con un suceso que genera un trauma. Pues bien, el Covid nos ha obligado a hacer adaptaciones todo el tiempo. Hay una deconstrucción de las acciones que eran cotidianas. Tuvimos que diseccionarlas y pasarlas por el tamiz del Covid, y eso tiene un costo de adaptación que impacta como agotamiento. Este nuevo modo de "hacer pensando" obliga a invertir más energía en la cotidianidad, aumenta ese agotamiento.

En América Latina tenemos un entrenamiento en situaciones de crisis. Sin embargo, en general, esos momentos de tensión política y social tienen un momento de pico y luego de calma. Entonces, si bien el impacto tiene un componente emocional, está relacionado principalmente con la economía y las perspectivas de futuro, pero no directamente sobre la salud, como en este caso, y no en un período de incertidumbre tan prolongado.

Quizás por esta condición de crisis y desconfianza, somos expertos en cuestionar y desafiar los procesos. Esto significa que ante el cuestionamiento de por qué hacemos lo que hacemos, la respuesta que surge es "Nosotros hacemos lo que hacemos porque se viene haciendo desde hace veinte años". Preguntarnos qué sentido tiene repetir no quiere decir que todo lo que hacíamos antes estuviera mal, sino que hay que revisar para qué hacemos lo que hacemos, indagar si no hay nuevos modos de hacer las cosas, de "desafiar los procesos".

¿Qué sería desafiar los procesos en el momento de post pandemia? La pandemia produjo una renegociación de las expectativas. Como hemos visto, se espera otra cosa de los líderes. Se replantean objetivos y se tienen que encontrar nuevos modos de vinculación, nuevos modos de trabajo.

Entonces, ¿qué habilidades se requieren del liderazgo, ya que los líderes deben estar más abiertos a entender que los manuales cambiaron? Los manuales son otros y también son otras las habilidades que se demandan; entre ellas, tolerar e incluso aceptar que los otros puedan enseñarme a mí, por ejemplo en temas donde los jefes son "inmigrantes tecnológicos".

En la Argentina –y en la región– tenemos varias experiencias de crisis, pero no de pandemia. Es evidente que tenemos que ir construyendo juntos y –como en algunos ejemplos que hemos dado– innovar en los procesos, "hackearlos".

Aparece con más fuerza la necesidad de construir grupalidad y sentido de pertenencia con respecto a la organización de trabajo. Es esto lo que requiere parte de la lógica de la post pandemia, más contacto interpersonal. Encontrar la respuesta a la pregunta "¿cómo el equipo agrega valor en ese momento y qué es lo que puede aportar de nuevo?".

Incluso surge la necesidad de habilitar a otros para actuar, sin perder el rol de líder; dar pasos simples, como empezar por preguntarse "¿cómo hacer para que las personas puedan apreciar qué aprendieron esta semana?" y, sobre todo, escuchar.

La pandemia implica un momento cambiante. Por ejemplo, la OMS parece estar en un proceso de aprendizaje continuo, así como lo estamos en las diferentes organizaciones.

Estamos siendo testigos de un cambio abrupto, forzado, que acelera algunas tendencias anteriores y hace aparecer otras nuevas, vivido mientras tratamos de adaptarnos. Es decir, estamos siendo testigos de la muerte de lo anterior y, al mismo tiempo, asistiendo a la gestación de lo nuevo.

La post pandemia incluirá el manejo del estrés post traumático, de sus huellas, sus cicatrices y sus aprendizajes.

6. Estrategias para los nuevos escenarios

Quiero despertarme en un mundo agradable ,
quiero darme libertad
Ya no quiero dar lo que no tiene sentido
solo quiero aquí estar
Todas las personas pueden mejorar .
Todos los caminos pueden ayudar
si estás ahí, si lo deseás
Este es mi sueño y el de muchos más,
esta es mi casa, donde quiero estar
Calmar mi sed. Viajar en paz
[…]
Todas las ideas pueden mejorar.
Todos los proyectos pueden ayudar.
(SERÚ GIRÁN, *Mundo agradable*)

6.1 Vida cotidiana. El *airbag* emocional

A fines de 2020, tuve varias reuniones en una empresa donde
el gerente al cual asesoro toma mate. Lo raro de la reunión
no eran los temas ásperos que teníamos que tratar, sino el
hecho de que éramos varios y él tomaba mate. Tomaba mate
solo, siendo que antes habría sido una falta de respeto hacia nosotros que no nos ofreciera un mate. Así como en esta

situación, van a suceder otras novedades. Por ejemplo, que le tengas que pedir a alguien que se distancie un poco. De hecho, a la salida de las reuniones de esa empresa, éramos varios para tomar el ascensor y algunos, aunque todos estábamos con barbijo, preferían esperar otro ascensor para viajar solos. Al ingresar en el ascensor, uno de los gerentes se puso de espaldas. Se trata de una persona con padres muy mayores e hijos chicos, y quería reducir al máximo las posibilidades de contagio. Aunque todo es razonable, la simple experiencia de salir de una oficina y tomar el ascensor pasó a ser totalmente distinta.

Según mi opinión, el distanciamiento social va a potenciar el distanciamiento vincular que ya existía, y esto se va a traducir en el trabajo. Cada vez vamos a ser más impersonales.

Por eso se requieren habilidades blandas para construir esos vínculos que van a estar cada vez más debilitados, que van a ser más impersonales. En cuanto a las habilidades blandas, el desafío para las empresas va a ser volver a ponerse la camiseta. Para decirlo en tono poético, volver a enamorarse.

El que puede elegir se va y no importa a dónde, el que puede elegir irse de una empresa porque la está pasando mal se va y después ve a dónde. Nosotros vamos a alquilar nuestros lugares de trabajo y a la vez, nosotros seremos alquilados por la empresa. Ya no se "compra" para siempre; en todo caso se alquila, y los contratos —como diría Bauman—, son cada vez más "líquidos".

Sin embargo, muchas personas no tienen esa posibilidad de elección porque necesitan trabajar para sostener la vida diaria. Habiendo tanta desconexión entre las organizaciones y las personas, construir esos vínculos será una gran oportunidad para hacer más sustentable la organización. Es ahí donde aparecen los líderes que saben conectar a sus organizaciones con los mejores colaboradores, que saben gestionar equipos, vincular personas, resolver los problemas de comunicación, hacer disminuir las competencias y favorecer las cooperaciones.

Entonces, lo que era un movimiento fluido cotidiano pasará a ser algo pensado. Algo que era cómodo pasará a ser problemático: "¿Me meto en ese tren, en ese subte, en ese ascensor? ¿Y en una sala de reuniones pequeña? ¿Saludar con la mano, con un beso?". Como cambiarán nuestras conductas, empezarán a cambiar otras cosas

La pandemia nos tuvo emocionalmente más activos, en estos picos que nos provocan estas situaciones de tensión. Y —es bueno saberlo— un desborde emocional tiene un impacto negativo para todos.

6.2 El auto híbrido como metáfora de la nueva normalidad

Las personas son los verdaderos "motores" de las empresas y de las organizaciones. Al menos eso se suele escuchar en las reuniones empresariales de fin de año.

La idea, claro está, es que se valore el factor humano, el aporte de cada uno de los colaboradores. Aun cuando la movilidad se normalice, muchos de esos colaboradores seguirán trabajando buena parte de la semana desde su casa. Incluso cuando el contacto cercano deje de ser tan amenazante —entre otras cosas, gracias a las vacunas— igualmente, buena parte de los equipos se seguirá vinculando mediante pantallas.

El mundo se está configurando para la post pandemia y, por lo que estamos viendo en nuestro trabajo con empresas, buena parte de las prácticas que irrumpieron durante la pandemia se mantendrán a futuro. Como consecuencia, el mundo del trabajo se encamina hacia un modelo híbrido.

La primera vez que vi un auto híbrido –que puede funcionar con nafta o con electricidad– quedé fascinado. Es producto de esa fascinación que se me ocurrió como metáfora del trabajo futuro que nos va a ayudar a visualizar el panorama de lo que viene, tanto para los líderes como para sus equipos.

Podemos asociar el auto que funciona con nafta con la oficina tradicional a la cual se iba a trabajar. Lo nuevo, entonces, es la marcha eléctrica, como el trabajo remoto y los encuentros virtuales. Pero aquí, el tema central es que el conductor puede decidir cuándo quiere circular con nafta y cuándo con energía eléctrica.

Quizás la opción de hacerlo con combustible le dé más potencia, como también podrían ser más potentes los encuentros cara a cara, reuniones en una oficina donde el intercambio incluya la dimensión emocional que prestan la comunicación no verbal corporal y la gestualidad.

En cualquier conversación —tal como demostró el psicólogo Albert Mehrabian—, en contextos comunicativos en los que hay una fuerte carga emocional, el lenguaje corporal y la forma en que manejamos la voz tiene un impacto mucho mayor que las propias palabras.

En este contexto cada empresa evaluará en qué momento le resulta mejor dar prioridad al trabajo presencial, cuándo mantener opciones de trabajo remoto, cuándo hacerlo sincrónico y cuándo asincrónico. Y en muchos casos es recomendable que el líder, junto con su equipo, decidan el funcionamiento, co-creándolo de acuerdo con las múltiples necesidades de las personas y el negocio.

En cuanto a la opción eléctrica, entre otras ventajas, tiene la cualidad de ser más amigable con el medio ambiente, al utilizar energías renovables. De manera similar, evitar que cientos o miles de empleados tengan que viajar desde sus casas a las oficinas, con el consumo de energías que eso implica, también es la opción más ecológica.

A comienzos de diciembre de 2020, la Fundación para el Observatorio Pyme difundió una profunda investigación realizada entre septiembre y octubre, en 1.700 empresas de todo el país, de hasta 800 empleados, con el apoyo del HSBC y de KPMG (una red global de firmas de servicios profesionales de asesoramiento legal y fiscal).

Se concluyó que, antes de la pandemia, solo la mitad de las empresas habían implementado la opción de trabajo remoto. Pero durante la pandemia, el 15 % de las empresas tenían a todo su personal trabajando desde sus casas; el 82 % tenía a una parte de sus empleados en esa modalidad virtual, y aquella mitad de empresas que previamente a la pandemia no habían implementado el *home office* se había reducido al 3 % por ciento. Es decir, se redujo drásticamente el porcentaje de empresas que no adoptaron el trabajo virtual (de 49 % a 3 %) y aumentó el porcentaje de empresas que mudaron la totalidad de su trabajo al modo remoto (de 2 % a 15 por ciento).

Como hemos visto en este recorrido, el *home office* en un contexto de crisis global plantea desafíos inéditos. El gerente de una empresa de software a la que asesoro me comentó su dilema en cuanto a migrar de un trabajo a otro, cómo armar un emprendimiento. En otra empresa, un asistente del área de legales me comentaba su angustia por tener que trabajar casi el doble desde su casa: "Como mi jefe no me ve trabajando, tengo que demostrar muchísimo más, producir más".

De manera que esta flexibilidad plantea desafíos para la cultura de las empresas, para la legislación de cada industria y para la organización interna de los equipos, así como para la relación con sus líderes. Parece conveniente trabajar desde ya en estas nuevas disyuntivas, porque la tendencia es fluctuar hacia un mayor o menor porcentaje de trabajo remoto versus trabajo presencial. Sin embargo, sabemos que, en líneas generales, el trabajo híbrido es irreversible.

Volviendo a la encuesta del Observatorio Pyme[19], las mismas empresas, al ser consultadas sobre sus previsiones,

---

19 https://www.observatoriopyme.org.ar/newsite/wp-content/uploads/2020/12/FOP_Ma%CC%81s-alla%CC%81-de-la-pandemia-el-trabajo-remoto-como-nuevo-paradigma_compressed.pdf

declaran que no van a permanecer como en la actualidad, sino que implementarán una modalidad laboral intermedia —como la de aquel auto híbrido— y que, en alguna medida, retornarán en parte a la nafta del trabajo en la oficina.

Las empresas que tenían al 2 % de su personal trabajando desde su casa ya antes de la pandemia aumentaron esa tendencia y destinaron el 15 % de sus colaboradores a esa modalidad en septiembre/octubre de 2020. Pero, para los siguientes doce meses, estiman que ese porcentaje bajará hasta llegar al 5 %. Es decir, el porcentaje bajará, pero seguirá siendo más que el previo a la pandemia.

Casi la mitad de las empresas (49 %) tenían una parte de su personal trabajando de modo remoto. Esa cifra trepó al 82 % durante la cuarentena y crecerá aún más; es decir, se confirma la tendencia de orientarse hacia una organización del trabajo híbrido. En 2021, solo el 11 % de las empresas que adoptaron trabajo remoto durante la pandemia planea no continuar con esta modalidad, lo que refleja que este nuevo escenario representa un cambio permanente.

En cuanto a la previsión del impacto de tal implementación en lo que hace a costos, se observa la implicancia de costos mayores en infraestructura tecnológica (36 %) y en equipamiento y gastos del personal (25 %). No obstante, en una proporción significativa de las empresas se piensa que se reducirán costos operativos (30 %) y que se reducirán costos de alquiler de oficinas y locales (17 %).

Respecto del impacto en la gestión interna, se cree que favorecerá la contratación de personal de otras regiones (17 %), pero elevará el riesgo potencial de conflicto laboral (14 %), y/u obstaculizará la contratación de nuevo personal local (10 %).

El mundo post pandemia aparece cada vez más híbrido, con crecientes posibilidades de flexibilidad.

Volviendo a la metáfora de los vehículos, si cuando una persona pasa de manejar un auto con cambios a un auto automático requiere un aprendizaje y una adaptación, cuando se pasa de un auto que funciona con nafta a un auto eléctrico, sucede lo mismo. Será necesario ajustar tanto los sistemas como la cultura organizacional al nuevo escenario post pandemia.

6.3 Infraestructura para el mundo híbrido

El auto híbrido parece ser una buena metáfora del camino que comenzamos a transitar. Este camino constituye un desafío para quienes tienen que proveer la infraestructura necesaria e implica una capacitación en las organizaciones, especialmente en quienes las conduzcan.

Como hemos observado, para las personas que trabajan en oficinas, el trabajo remoto era percibido como una oportunidad de mejorar el equilibrio entre la vida personal y la vida laboral. No obstante, la pandemia puso en evidencia que el teletrabajo provocó, además de un aumento de la productividad, la dificultad de diferenciar el tiempo de trabajo y los otros aspectos de la vida. Así, la dificultad para desconectar provocó agotamiento, estrés y diferentes trastornos de ansiedad producto del *home office*. Salió a la luz que la productividad no es el único valor del trabajo. La necesidad del contacto con otros, la colaboración y el trabajo en equipo aportan pertenencia, involucramiento y satisfacción en los trabajadores.

Es por eso que aparece el modelo híbrido como un modo de organización del trabajo que seguirá luego de la pandemia. Un modo de organización que apueste a la autogestión y el empoderamiento de las personas y los equipos, que permita decidir, que posibilite no viajar largas distancias todos los días, y aprovechar lo mejor de la tecnología. Una modalidad que, a su vez, favorezca la autonomía, la interacción entre las personas y los equipos colaborativos presenciales de acuerdo con las necesidades del negocio.

Uno de los desafíos consistirá en armar un modelo de funcionamiento híbrido que tome lo mejor del modelo tradicional y del nuevo totalmente mediado por la tecnología; lo mejor de ambos mundos. Se plantean, así, enormes posibilidades nuevas y también dificultades; por ejemplo, en el Estado, se trata de favorecer o no el desarrollo tomando como modelo el contexto emergente. Nuevamente, la metáfora del vehículo nos resulta útil.

El auto eléctrico requiere cierta infraestructura para funcionar, para ser recargado. También, para alentar el desarrollo de nuevos modelos con mayor autonomía, para dar financiamiento a quienes quieran comprarlo.

De manera similar, el mundo híbrido también requiere un tipo de decisiones conectadas con la infraestructura. Si uno quiere hacer ese cambio, si queremos ir a vivir en las afueras de la ciudad, también se nos hará necesaria la infraestructura para poder conectarme, como será necesario financiarla. De lo contrario, habrá lugares favorecidos, que ya tuvieran esa infraestructura o que puedan lograrla, y otros que, ante la imposibilidad de ser una opción de vida para el nuevo mundo híbrido, quedarán más relegados aún.

Estos temas tienen un desarrollo futuro aún incierto. Pero podemos suponer que progresivamente se dejarán de fabricar autos que funcionen con nafta. Del mismo modo, entonces, podría ser que una empresa declare que no se volverá nunca más a la presencialidad. La entrevista de trabajo inicial podría ser virtual, así como el proceso de inducción, las reuniones de planificación, la tarea cotidiana, todo… sin jamás conocerse en persona, sin saber si, al saludar, el jefe da la mano con firmeza o con débil languidez, sin saber si los compañeros de equipo son altos o bajos.

Esos impactos en la vida cotidiana, esos detalles, también incluyen la diferencia entre levantarse temprano y llevar a los hijos a la escuela —tal vez a dos escuelas diferentes— quizás en transporte público, con la tensión y el apuro que significan en la casa la preparación temprana para que los chicos estén listos, mientras los padres ordenan todo para el trabajo y van calculando, desde las 7 am, si llegan o no a esa reunión importante en la oficina a las 9 am, mientras, tal vez, los hijos se visten lentamente. Esas tensiones y apuros disminuyen si solo hay que llevar a los hijos a la escuela y luego participar de la reunión por Zoom.

Por otra parte, también hay otros factores como la adaptabilidad. Según las necesidades, se requerirán más potencia o más distancia, y se podrá pasar el auto a nafta. Otro de los factores es la sustentabilidad —la elección de nafta o electricidad— que implica trasladar a miles de empleados hacia una oficina o no hacerlo, y que incluye la decisión de realizar un propio aporte a la descontaminación del planeta. Aunque parezca una cuestión menor, lograr que miles de personas puedan trabajar desde su casa y no viajen a la oficina es más ecológico, más considerado para con el tiempo de cada colaborador, al no obligarlo a usarlo solo para trasladarse. Esto puede ser desarrollado en un contexto de flexibilidad en el que cada empleado pueda llegar a armar junto a sus líderes la mejor combinación de opciones. Además, en conjunto, esto constituiría una mejora en la reputación de la compañía y su imagen de marca empleadora.

6.4 La post pandemia y las nuevas normalidades

La pandemia es en sí como la metáfora de la plataforma ardiente. Una plataforma que se incendia en el medio del mar y que obliga a nadar hacia lo desconocido o perecer esperando una normalidad que no va a volver. El problema de este tipo de situaciones es la imposibilidad de anticiparse, lo cual genera incertidumbre, dolor, ansiedad, estrés, pero a su vez posibilita algunos aprendizajes, como todas las crisis.

La pandemia del Covid-19 ha resultado un catalizador del trabajo remoto, de la transformación digital, pero también de la emocionalidad y de la capacidad —o incapacidad— de ser gestionada por equipos y líderes.

La post pandemia será asimismo aceleradora de ciertos fenómenos latentes en el mundo del trabajo. Las nuevas organizaciones se orientan hacia ese rumbo, a liderazgos menos personalistas y a la posibilidad de que estos sean rotativos, de modo que, si hoy la mayor preocupación es la contabilidad, el que lidere el proceso será alguien del área de contabilidad, aunque mañana lo va a liderar otro, según la necesidad.

Es decir, se apunta a metodologías de trabajo con equipos más ágiles que no dependan de una personalidad, porque cada vez las áreas de especialización van a ser más. Entonces se necesitarán equipos autodirigidos, equipos que agreguen valor y no que esperen a que se les diga qué tienen que hacer para poder ejecutarlo.

No sabemos cómo va a ser el trabajo en 2050, pero sí sabemos que en el corto y en el mediano plazo va a ser híbrido. Convivirán trabajos automatizados con trabajos artesanales, equipos tradicionales con equipos metodológicamente ágiles, reuniones a distancia con otras presenciales; posiblemente con parte del equipo reunido físicamente en el mismo lugar, mientras que otros participarán desde distintos puntos del planeta.

La característica de lo híbrido no está basada en la dualidad hombre versus máquina, sino en el hombre complementado por la automatización.

El nuevo "vehículo" del mundo laboral ya no tendrá tanto que ver con la cantidad de horas de trabajo ni con el lugar desde donde ocurra, sino con la calidad de los resultados.

En un viejo chiste se pregunta cuántos psicólogos se necesitan para cambiar una lámpara. La respuesta es "uno, pero la lámpara tiene que querer cambiar". La pandemia no nos dio la posibilidad de querer cambiar. Nos obligó, nos empujó y nos arrojó al cambio.

Una vez que las organizaciones acepten la necesidad de cambiar, será esencial encarar proyectos de transformación para este nuevo mundo del trabajo post pandemia. Esto no debe limitarse a la recolección de datos y testimonios, sino que habría que identificar los nuevos modos de organización del trabajo que necesita la empresa, para obtener mejores resultados de clima laboral, de modo de prevenir los riesgos psicosociales y, a la vez, mantener los resultados de gestión.

"Hay que enfocarse en que el bienestar sea parte de nuestros modelos laborales y de nuestras relaciones, que se producen en el acto identitario de nuestra especie que es el trabajo; que nuestras decisiones promuevan un mundo más sustentable y que las evidencias procesadas con las tecnologías enriquezcan nuestras intuiciones para que seamos en esencia más humanos"[20], señala el doctor en Sociología del Trabajo Luis María Cravino.

Con miras a la post pandemia, es recomendable implementar planes de acción para el nuevo modo de organización del trabajo, como un protocolo de prevención de riesgos psicosociales para el trabajo híbrido y la modalidad de trabajo colaborativo para los que no pueden teletrabajar, de modo que el trabajo presencial no tenga el color de la pre pandemia. Como ya fue expuesto, ese tinte no daba respuestas a las necesidades organizacionales ni a las de los colaboradores. Todos estos planes de acción tendrán que estar sostenidos por los líderes, quienes deberán capacitarse para estar a la altura de las circunstancias y aprender, entre ellos y de sus equipos.

Como suele ocurrir cuando hay un cambio profundo, algunas organizaciones no sobreviven y otras logran adaptarse

---

20 https://www.idea.org.ar/revista-idea/edicion-271/#page76

con esfuerzo. Es fundamental, entonces, que adaptemos nuestro estilo de liderazgo y nuestro modo de gestionar. En este contexto, serán imprescindibles la delegación, la construcción de equipos, el empoderamiento y la confianza.

6.5 El modo de organización emergente post pandemia

Las experiencias vividas como consultor me dejaron como aprendizaje el siguiente esquema que propongo como el modo de organización emergente post pandemia.

El contexto post Covid transformará el devenir de las organizaciones en un continuo *momentum* de turbulencia. La pandemia potenció el mundo VICA —volátil, incierto, complejo y ambiguo— y algunas organizaciones tuvieron que hacer lo imposible para no cerrar, para no bajar los brazos, para adaptarse a las circunstancias. La pandemia hirió de muerte a muchas organizaciones, mientras que otras generaron los movimientos necesarios para poder sostenerse, reinventarse y, en algunos casos, hasta mejorar.

El atravesamiento de las dificultades, así como de las posibilidades del entorno, va a estar basado en las características de la cultura organizacional. De acuerdo con los valores, con las creencias, con los supuestos primordiales compartidos en la organización, surgirán los facilitadores que permitan a las organizaciones atravesar con éxito los obstáculos del contexto. Como contracara, podemos pensar que los obstáculos y las contradicciones de la cultura organizacional impedirán a la organización sobreponerse a las dificultades externas, tanto como a las internas.

La plataforma de la efectividad de los equipos que se encuentran al interior de la organización dependerá del clima organizacional en términos generales, pero en términos particulares, de cómo ese equipo genera, en el contexto cambiante, un acuerdo sustentable de expectativas entre los miembros del equipo y el líder como representante de la organización. Para darle sustentabilidad al acuerdo, es necesario revisar las bases del compromiso, construir y acordar significados compartidos. Este acuerdo es dinámico; por eso tiene que ser explicitado y revisado con periodicidad. Es fundamental que estos acuerdos sean desde el líder (representante de la organización) al equipo, y del equipo hacia el líder, pero es más importante aún que acuerden los miembros del equipo entre sí. La pandemia nos mostró cómo aquellos equipos y empresas "*red*árquicas" fueron más efectivas que las organizaciones jerárquicas.

La redarquía permite un orden que no está basado en el poder (del organigrama), sino más bien en el conocimiento y la autoridad técnica y que se basa en la mutualidad. En la redarquía no prima la jerarquía formal, sino las redes de colaboración e interacciones que posibilitan la innovación. Las organizaciones redárquicas se basan en la confianza y el valor agregado que las personas aportan, independientemente de su rango institucional. Se trata de fomentar el intercambio y compartir el talento, a través de una comunicación abierta en relaciones simétricas. El concepto es desarrollado por el tecnólogo José Cabrera, que sostiene el agotamiento del funcionamiento del modelo tradicional organizativo jerárquico, donde las órdenes y directivas son impuestas y discurren exclusivamente de arriba hacia abajo. En cambio, la redarquía favorece el orden de abajo hacia arriba y también lateralmente, donde las soluciones, ideas, decisiones y resultados emergen de los intercambios producidos a partir de la inteligencia colectiva. El funcionamiento redárquico da lugar a nuevas estructuras con propiedades ágiles, colaborativas e innovadoras en redes de colaboración.

La base de compromisos y acuerdos sustentables puede desarrollar la "grupalidad", es decir, el modo en que los miembros del equipo resuelven sus conflictos, la confianza, la solidaridad, el cuidado de los vínculos, la empatía y, fundamentalmente, la inteligencia emocional que sostiene esa grupalidad. Como sostiene Enrique Pichon-Rivière, "un conjunto restringido de personas, que ligadas por constantes de tiempo y espacio y articuladas por su mutua relación interna se proponen, en forma explícita e implícita, la realización de una tarea que constituye su finalidad, interactuando a través de complejos mecanismos de asunción y adjudicación de roles".

Así, de acuerdo con el marco teórico de la Psicología Social, la meta de los grupos operativos es aprender a pensar. En efecto, no puede perderse de vista que el pensamiento y el conocimiento son producciones sociales. Necesariamente, para aprender a pensar, el individuo necesita del otro, ya sea con su presencia, con su discurso, en diálogo, o en otras formas de expresión posibles. Pensar siempre es pensar en grupo.

La dinámica del grupo es lo que posibilitará crecer a los miembros del equipo y a sus roles cambiantes, así como la mejora en su funcionamiento.

Para Pichon-Rivière, "La **tarea** es la marcha del grupo hacia su **objetivo**, es un hacerse y un hacer dialéctico hacia una finalidad, es una praxis y una trayectoria".

La tarea también exige cambios en la estructura grupal; la no consecución de esta tarea pondrá en peligro la identidad del grupo, en tanto que sujeto que se constituye haciendo y haciéndose en una tarea.

La tarea es central en el grupo de trabajo, es lo que brinda identidad; se trata de la finalidad, la razón de ser. Qué hacemos, a qué nos dedicamos, qué trabajo tenemos que desarrollar y qué resultados se esperan. Es el sentido de existencia del equipo.

El propósito —objetivo— es la razón de existir. En él se yuxtaponen los conceptos de misión y de visión organizacional. Guía las acciones prioritarias y da sentido a la tarea, al grupo y a la organización. Explica por qué, como organización, hacemos lo que hacemos.

A su vez, el propósito permite identificar los indicadores y criterios que agregan valor. El concepto de propósito es estratégico y parte de la ambición organizacional. Se centra en orientar los esfuerzos y la atención de la organización a las claves de éxito, a los aspectos diferenciadores valorados. De este modo, motiva las acciones de las personas hacia las metas esperadas. El propósito es el sostén del entusiasmo, en la medida en que los miembros de la organización se sientan identificados con él. Guía los esfuerzos y recursos hacia ese resultado futuro por conseguir. Incluye la mirada de futuro de la visión, teniendo en cuenta lo variable del contexto y la necesidad de innovar. Requiere también la perspectiva estratégica que oriente la tarea a los resultados que otorgan sentido y que nos recuerdan para qué hacemos lo que hacemos cada día.

Un propósito no es un plan, es una razón de existir. Orienta nuestras elecciones y prioridades y nos proporciona sentido.

Si bien hemos desarrollado ya el concepto de liderazgo, podemos referirnos a aquel líder como facilitador entre las variables *tarea, grupo* y *propósito*. Un líder que entiende la particularidad de los facilitadores de la cultura organizacional y los usa como palanca. Al mismo tiempo, se esfuerza en levantar las barreras organizacionales y las contradicciones que existen en toda organización.

Siguiendo a Ronald Heifetz podemos decir que la post pandemia va a requerir un liderazgo adaptativo, enfocado en colaborar con las personas y las áreas, tanto para resolver los desafíos técnicos como para construir soluciones compartidas para los desafíos adaptativos, que requieren aprendizaje, cambios de creencias y paradigmas. Un liderazgo cercano que permita vincular a las personas con sus necesidades, logrando un equilibrio psíquico, al fomentar la seguridad psicológica para que cada uno pueda dar lo mejor de sí.

Sabemos que el liderazgo es un rol asumido y otorgado que está basado en la autoridad que brindan las personas y también en el poder que otorga la organización. El rol de líder, en este caso, es aportar servicio para lograr el alineamiento que se requiere en las tres variables tarea, grupo y propósito. Cuando las tres variables están alineadas, se produce la sinergia, que es la principal ventaja competitiva de los equipos de trabajo. En cambio, cuando hay dificultades al interior del grupo, estas afectan a las demás variables: tarea, propósito e inclusive al líder.

Lo mismo sucede cuando hay dificultades con la tarea, con el propósito o con el líder. Esta situación desemboca en pérdida de efectividad, de resultados, de aprendizaje, de clima laboral, y vuelve poco sustentable la organización.

6.6 Pirámide de la motivación, post Covid
—Maslow *reloaded*

La pirámide de las jerarquías de las necesidades ideada por Abraham Maslow plantea que, en general, el ser humano tiene necesidades básicas, primarias, que son las fisiológicas, y de seguridad; luego, necesidades secundarias como la estima, es decir, la estima profesional, la sociabilidad, el formar parte de un entorno, el ser aceptado en el grupo de trabajo. La última necesidad planteada es la autorrealización. Cuando aparece una crisis total —de hecho, la sociología llama a la pandemia un hecho social total—, una crisis como esta, podemos interpretar, siguiendo a Maslow, que regresamos a abrazar a las necesidades básicas.

Siempre admiré la biografía de Maslow, a quien llegué por su famosa pirámide de las necesidades desarrollada en su libro *Una teoría sobre la motivación humana* (*A Theory of Human Motivation*), de 1943. La teoría de las jerarquías humanas sostiene, no contradice la teoría de Freud, sino que la complementa. "Es como si Freud nos proporcionase la mitad enferma de la psicología y ahora debamos completarla con la mitad sana" –escribe en su libro *Toward a Psychology of Being*, de 1962.

La teoría de las necesidades de Maslow ha sufrido varias críticas a lo largo de todos estos años —personalmente, acuerdo con algunas—. Desde ya, se trata de un esquema de generalización en el que se pierde la particularidad de la subjetividad. No obstante —y esta es la parte más valiosa de la teoría— es accesible para el público en general y permite, desde la perspectiva de la psicología humanista, entender la motivación desde su teoría del desarrollo. Se parte del concepto de necesidad para comprender la motivación humana, llevando la psicología a la vida cotidiana, que es lo que más me gusta de la teoría de Maslow: la posibilidad de acercar la academia a los aspectos diarios, **sobre todo en el mundo del trabajo.**

La "pirámide" de Maslow es comparable con el esfuerzo de Freud por divulgar de modo sencillo su teoría —intentando que pudiera ser comprendida por el público en general—, en *Cinco conferencias sobre psicoanálisis*, o en el maravilloso texto *¿Pueden los legos ejercer el análisis?*

En cuanto a las necesidades básicas o primarias que reconoce Maslow —fisiológicas y de seguridad— y las secundarias o superiores —sociabilidad, de estima y de autorrealización—, se las puede caracterizar de la siguiente manera:

- **Fisiológicas**. Respirar y alimentarse, ejercer su sexualidad y demás necesidades de orden físico.
- **Seguridad**. Incluye la protección contra los daños físicos, el cuidado de la vivienda, etcétera.
- **Sociabilidad**. La posibilidad de ser parte, el sentido de pertenencia, las relaciones y hasta la aceptación social.
- **Estima**. La autoconfianza, el respeto, el reconocimiento profesional. Es decir, factores tanto internos como externos.
- **Autorrealización**. Se trata de desplegar el potencial, de dejar huella, de crecer.

Si bien nunca las necesidades se satisfacen del todo, lo que plantea la teoría de Maslow es que cuando la necesidad está lo suficientemente satisfecha, se pasa a la siguiente jerarquía, que se vuelve dominante. De este modo, podemos hacer un diagnóstico rápido de una persona para saber en qué situación está y cuáles serían sus factores motivadores particulares.

La pirámide de Maslow ha recibido críticas por ser acientífica y carecer de una base empírica, pero al mismo tiempo recoge un gran reconocimiento por ser adaptable a la práctica del comportamiento de las personas en las organizaciones de trabajo, por ser fácil de comprender y por estar basada en una lógica intuitiva.

Luego de varias décadas de teorización sobre la pirámide de Maslow y a la luz de la pandemia, me permito intervenir enfocado en el modo de organización del trabajo que nos deja la pandemia, con una pirámide de Maslow *reloaded*, que describo de la siguiente manera:

Del mismo modo que la de Maslow, esta pirámide está definida teniendo en cuenta una dinámica de satisfacción de necesidades, y fundamentalmente, orientada a lo que uno busca en el trabajo, sin dejar de considerar la subjetividad. A medida que se van satisfaciendo las necesidades, se puede pasar al escalón siguiente.

- **Las necesidades básicas** son las mismas definidas por Maslow —las fisiológicas, que están en función de la supervivencia (comer, beber, alimentarse, dormir, etc.,— y las necesidades de seguridad, que surgen como un nuevo escalón cuando las necesidades fisiológicas están en gran medida satisfechas, y que incluyen la seguridad física, de salud, familiar, de protección frente al peligro, etcétera.
- **La necesidad de equilibrio psíquico** es la "homeostasis psíquica", como describe Freud. Es el eje placer-displacer que requiere la necesidad de mantener un equilibrio psíquico. Mantener de un modo razonablemente estable la energía mental en un equilibrio del sistema psíquico. La perspectiva freudiana refiere a la necesidad de sostener en relativa compensación saludable el eje "placer-displacer", para mantener un equilibrio mental. Es necesario aclarar que no se trata de tranquilidad o intranquilidad en el trabajo, sino de equilibrio psíquico de acuerdo con la personalidad y la necesidad de cada uno. Este es un aspecto subjetivo y hasta inconsciente, que también es atravesado por el contrato psicológico mencionado en anteriores apartados.
Si bien el equilibrio psíquico "total" es un imposible, se apunta a una ecuación psíquicamente saludable del trabajo, es decir, se trata de un trabajo que no enferme. En este sentido y a la luz de la pandemia, podemos ubicar en este escalón el equilibrio entre la vida laboral y la vida personal (*work life balance*), que no es el ideal, sino el posible. Por ejemplo, en este escalón estarán

aquellas personas que para mantener su equilibrio entre placer y displacer respecto del trabajo —y sobre todo luego de la pandemia—, van a preferir trabajar desde su casa como una prioridad central, o bien la comodidad del trabajo híbrido, por diversas situaciones personales. La pandemia nos permitió visualizar que el teletrabajo es posible, e incluso una ventaja. Es por esto que el teletrabajo es hoy un factor de elegibilidad y de compromiso (*engagement*) fundamental del trabajo.

- En cambio, **la estabilidad y/o la empleabilidad** se caracterizan por una necesidad diferente de las anteriores descritas. En este nuevo escalón juega la particularidad de la preferencia subjetiva y, según algunos autores, hasta generacional; es decir, los millennials y los centennials prefieren la empleabilidad, mientras que los baby boomers y los trabajadores de la generación X optan por la estabilidad. Sin embargo, esto es relativo e individual.

En términos coloquiales cabe preguntarse qué prefiere cada uno de nosotros para sentirse motivado. ¿La estabilidad o la empleabilidad?, ¿o la estabilidad **y** la empleabilidad?

La estabilidad laboral refiere a la estabilidad que uno tiene en su empleo o trabajo. Se define como la duración que se percibe del trabajo actual, sin que esté en riesgo por factores externos. En este sentido, a una gran cantidad de personas les resulta complejo esforzarse en el trabajo cuando siente inestables las condiciones del entorno laboral.

Desde Bauman sabemos que estamos en un mundo líquido. Entonces, cuando hablo de estabilidad no me refiero a "estar juntos hasta que la muerte nos separe", sino a la percepción de estabilidad dentro de la flexibilidad y el cambio permanentes.

En cuanto a la estabilidad, no hay garantías, porque,

en términos generales, las empresas permanecen menos que nosotros, pero aun así, me refiero al deseo de un entorno de relativa estabilidad laboral.

La empleabilidad, a su vez, es la posibilidad que da el trabajo actual de ser deseable en el mercado laboral, es decir, que ese trabajo me posibilite ir obteniendo nuevas herramientas y habilidades, y actualizar permanentemente las competencias. "No me interesa, ni me conviene permanecer mucho tiempo en un trabajo, y sé que, por lo tanto, necesito que el trabajo que estoy realizando en la actualidad me dé las herramientas para conseguir fácilmente otro, para cuando considere la posibilidad de irme" —me decía un joven profesional. En este sentido, se hizo más evidente, a la luz de la pandemia, que la estabilidad está cada vez más ligada a la empleabilidad.

- El siguiente escalón es **el propósito**, desde la perspectiva personal. Se vincula con el significado de lo que hacemos, en especial, el trabajo. Es el concepto de sentido, de utilidad y del aporte de valor que tiene lo que hacemos. En este nivel, es importante revisar lo que plantea David Graeber, autor de *Bullshit Jobs*: "Es de una crueldad inaudita. ¿Cómo puede trabajar con dignidad alguien que secretamente piensa que su trabajo no debería existir?". El libro en español está publicado con el título de *Trabajos de mierda: Una teoría*. Graeber propone una definición de estos trabajos de mierda: "Es un trabajo tan inútil, absurdo e incluso nefasto, que ni siquiera el trabajador es capaz de justificar su razón de ser, aunque el contrato con la empresa le obligue a pretender que es útil". En este sentido, el propósito es lo opuesto a esta definición, e incluso, se vincula también, de modo positivo, con la identificación que se tiene con la tarea que se desarrolla, y con los principios y valores de la organización donde se desempeña. En definitiva, el propósito está compuesto por la propuesta de valor que se tiene como individuo en el trabajo.

- **Las personas**. El trabajo es un fenómeno predominantemente social. Este escalón de la pirámide se fundamenta en la importancia de la dimensión intersubjetiva del trabajo. En este sentido, los vínculos desarrollados en el trabajo son cruciales, no solo para la continuidad del trabajador en la organización. Como sostiene Dejours (2000) en su trabajo *Psicodinámica del trabajo y vínculo social*: "En la situación común de trabajo, trabajo siempre para alguien: un patrón, mis subordinados, mis colegas, o para un cliente. El trabajo es también y fundamentalmente intersubjetivo. Por este motivo el trabajo proyecta al sujeto también, directamente, de golpe, en el vínculo social". Es por eso que el vínculo que tengamos con nuestros pares –compañeros y jefes– es decisivo.

  Así, como fue expuesto en apartados anteriores, el liderazgo es central para la continuidad y la motivación en el trabajo. Es sabido que uno de los factores más gravitantes en la renuncia a un trabajo tiene que ver con una mala relación con su jefe directo.

- **El desarrollo**. Respecto del desarrollo, podemos definirlo como las posibilidades que tengo de desplegar mi potencial en aquello que hago. En este sentido, se requiere que el ámbito laboral ofrezca la posibilidad de desarrollar habilidades, conocimientos y destrezas, y posibilite el aprendizaje de nuevas prácticas y experiencias en aquello que hacemos. El desarrollo se ve favorecido por el entorno, el contexto, las personas con las que interactuamos, el propio deseo y la capacidad psicológica de cada sujeto. Como sostiene Schlemenson, "Las habilidades y destrezas son susceptibles de desarrollo por medio del aprendizaje, a esto se refieren las competencias. Sabemos que la capacidad para resolver problemas estrictos puede desarrollarse, siempre y cuando exista como sustrato una complejidad básica del individuo, a la que denominamos complejidad de los procesos mentales, que se corresponde con el nivel de abstr`acción que puede desplegar en función de los problemas asignados".

- **La autonomía**. En relación con la autonomía, existen en la actualidad varios significantes asociados, tales como empoderamiento, emprendedurismo, intraemprendedurismo (*intrapreneurship*), etc. El *empowerment,* —que en español se puede entender como empoderamiento—, es la posibilidad que tienen las organizaciones de trabajar, y sus líderes, de delegar autoridad y poder a sus colaboradores. De este modo surge el sentimiento de ser dueños de la propia tarea, para desarrollarla a nuestro mejor entender y en el tiempo que consideremos adecuado. La autonomía se vincula con la posibilidad de tomar la mayor cantidad de decisiones posible, de asumir responsabilidades con confianza y libertad de acción, en todos los niveles. Significa para las personas tener confianza, creer en la importancia de la toma de decisiones, y libertad de acción. El emprendedurismo se vincula con la autonomía en el sentido que representa la posibilidad de ser el propio jefe, la toma de decisiones por cuenta propia y el no reportar a nadie. El *intrapreneurship* alude a los esfuerzos de la empresa en la generación interior de un comportamiento emprendedor. En definitiva, la autonomía se vincula con la posibilidad de tener mayor control subjetivo sobre el propio trabajo y la propia vida.
- **El crecimiento**. Al hablar de crecimiento nos referimos a la obtención de nuevos lugares de poder, en los cuales los aspectos económicos y las diferentes recompensas —simbólicas— son fundamentales. Se trata de aspectos de reconocimiento externo, más que

interno, aunque la valoración sigue siendo subjetiva. Esto se vincula con los desarrollos de McClelland sobre motivación, en particular cuando describe la necesidad de poder como la necesidad de influir en otro o en otros. Para McClelland, la motivación de poder se vincula con la posibilidad de regular y hasta de controlar las condiciones de vida de otras personas. En este sentido, el poder refiere también a la reputación, a los aspectos simbólicos de estatus y a las posiciones socialmente valoradas.

- **La autorrealización**. La autorrealización es la meta final de un proceso, que se logra después de un camino de crecimiento y desarrollo. Sin embargo, no se trata solo de un fin, sino del proceso en sí, de la satisfacción del recorrido. La autorrealización como desarrollo y despliegue de nuestras potencialidades —que para Maslow[21] supone un estado de bienestar psíquico por aquello que hago—, puede vincularse, a su vez, con el concepto de autotrascendencia, es decir, la capacidad de salir de uno para encontrarse con otro y con el sentido de la vida, tópico que desarrolla Viktor Frankl en *El hombre en busca de sentido*.
  Entonces, en la autorrealización, el sujeto se orienta a dejar una huella en el mundo, a ser en el mundo, mientras que la trascendencia es el ser en el otro, más allá del propio ser, en estado de disponibilidad hacia el otro; en síntesis, es la búsqueda del sentido a través de la autorrealización con el otro.

No obstante, este modo de pensar la pirámide post Covid es una generalización que debería ser revisada, a la luz de la subjetividad puesta en juego en cada modo particular de vivir el trabajo, **el trabajo vivo**.

---

21 Recuperado de https://www.biografiasyvidas.com/biografia/m/maslow.htm

7. Escenarios posibles

Nos vamos a mirar las caras entre todos [...]
Y vos preguntarás: ¿por qué esperamos tanto?
Solo para tomar impulso y llegar más alto.
Ya no hay dolor.
Ya no duele y no va a doler.
(NO TE VA A GUSTAR, *No hay dolor*)

Sabato, en su libro *Hombres y engranajes*, escribe: "Dice Martin Buber que la problemática del hombre se replantea cada vez que parece rescindirse el pacto primero entre el mundo y el ser humano en tiempos en que el ser humano parece encontrarse en el mundo como un extranjero solitario y desamparado. Son tiempos en que se ha borrado una imagen del Universo, desapareciendo con ella la sensación de seguridad que se tiene ante lo familiar: el hombre se siente a la intemperie, sin hogar. Entonces, se pregunta nuevamente sobre sí mismo."La pandemia nos cambió de un modo radical. En gran medida nos dejó pérdidas; de salud, de vidas de seres queridos, de proyectos, de trabajos, de organizaciones, de empresas, todos hemos perdido algo. Cuando sufrimos una pérdida de esta magnitud, es necesario hacer el duelo por la normalidad perdida y reconocer la inquietud por lo nuevo, lo desconocido por venir. Pero, en el mejor de los casos, también la pandemia nos posibilita tomar una perspectiva diferente de lo que habíamos recorrido y nos permite reflexionar sobre cómo queremos vivir lo que sigue. Entonces, también representa una oportunidad para revisarnos. Para —como decimos los futboleros— parar la pelota, mirar la cancha, mirar a los compañeros, a los rivales, conectar con el juego y el balón, para poder seguir. Parar para pensar si, en lugar de "cambiar nuestras vidas para hacernos mejores trabajadores", no es preferible *cambiar nuestro trabajo* para mejorar nuestras vidas. Quizás —parafraseando a Lennon[22]— pueda parecer un soñador, pero seguramente no soy el único.

La verdad es que no sabemos a ciencia cierta cómo va a ser el futuro del trabajo, pero sí sabemos que el futuro nos depara un importante trabajo en términos psíquicos, sociales, técnicos y económicos. Estamos atravesados —como dice Jacques Lacan— por la pasión de la ignorancia. No hay *savoire faire* del futuro. Pero sí hay *faire* (hacer) y *savoire* (saber), es decir, hacer con lo que vamos aprendiendo, hacer con pasión. Es el desafío al que no anteceden recetas, donde tampoco hay garantías, porque sabemos que "vivir solo cuesta vida[23]". Ni más ni menos.

Cada organización, cada equipo e inclusive cada persona, deberán reconfigurar el modo de hacer gran parte de las cosas que hemos hecho hasta acá. El mundo cambió, con nosotros adentro en algunos casos y en otros lamentablemente fuimos expulsados. De ahí derivará una fuerte crisis del trabajo en una sociedad que está cada vez más centrada en lo que hacemos y tenemos como modo de identidad.

Desde ya, el trabajo del conocimiento —como se llama al trabajo que emplea nuevas tecnologías, en particular las

---

22 "Puedes decir que soy un soñador, pero no soy el único. Espero que algún día te unas a nosotros, y el mundo será uno solo".

23 *Ropa sucia*, Carlos Alberto Solari - Eduardo Beilinson (Redonditos de Ricota).

TICs la informática, la biotecnología, la ciencia de los datos— constituye el paradigma de trabajo en la actualidad. Aquello que algunos definen como el trabajo "inmaterial". En este sentido, la pandemia tuvo un impacto diferencial entre los que pudieron seguir desarrollando su trabajo de manera remota y los que no pudieron hacerlo y profundizó las desigualdades sistémicas que ya afectaban el mundo del trabajo. Considero imperioso preocuparnos, como sociedad, por los otros, los excluidos y las excluidas. Se hace necesaria una responsabilidad social diferente, desde la cual podamos mirar más allá de nosotros. Si estamos inmersos en la "empresarización de la vida", es decir, en una realidad donde las empresas son paradigma de todo, es oportuno que aprovechemos esa circunstancia para que sean las empresas las que muestren el camino de la productividad, con sustentabilidad, con compromiso social, con responsabilidad social empresaria, trabajando junto con los estados, no para ganar más, sino para ganar mejor.

Es imprescindible que volvamos a recuperar nuestras vidas, que podamos rescatar nuestro tiempo, nuestra libertad, en relación con el trabajo. Es imperioso que a partir de la pandemia revaloricemos lo que hay más allá de la productividad y el rendimiento. Hay personas de carne y hueso, que sufren y tienen alegrías, y también una sola vida para vivir con dignidad.

Necesitamos una reconfiguración del trabajo. Con diálogos intersectoriales genuinos y honestos, para incluir a los excluidos, para salir a buscarlos. Es responsabilidad de todos los sectores —los privados, los gremios, las cámaras empresarias, los gobiernos, las oposiciones políticas, los académicos, etc.— la reconceptualización de un trabajo vivo, para trabajar mejor. No se trata forzosamente de más proyectos, más horas de trabajo, más objetivos, más rendimiento o más reuniones. Se trata de entender que –en palabras de Marx respecto del tiempo— es necesario mayor tiempo libre, para de esta manera lograr un mayor desarrollo del ser humano, que redundará en una mejora dentro y fuera del marco laboral.

Necesitamos, además, reconsiderar la idea de que un mejor trabajo es, muchas veces, *menos trabajo* en menos horas, lo que hace que las personas sean más felices, más creativas, más interesadas en el trabajo que hacen y en las personas para las que lo hacen. Ya sea en modalidad *home office* o no, la pandemia nos demostró de un golpe que somos finitos y limitados, y que probablemente ese mañana que pensé, que planifiqué, que diseñé, podría ya estar presente. Es por eso que la hiperproductividad debería dar paso a un trabajo psíquicamente más saludable, para ser mejores personas, mejores amigos, mejores padres y, seguramente, mejores trabajadores.

Durante años, muchos de nosotros nos hemos comportado como si nuestro trabajo prevaleciera sobre todo lo demás en nuestras vidas. Muchas veces he escuchado a padres y a madres decir "por este trabajo me perdí la infancia de mis hijos", con un dolor inenarrable. Odiamos decirlo en voz alta, pero nuestras acciones cuentan la verdadera historia: hemos privilegiado nuestro desempeño laboral por encima de nuestras familias, priorizamos el crecimiento personal por sobre nuestra salud psíquica y física, nuestra individualidad por encima de nuestras comunidades. Parte de esta entrega se fundamenta en el miedo a la inestabilidad, en un mundo áspero, amenazante, de ganadores y *losers*. Pero también, en gran medida, proviene de las formas en que nos hemos convencido de que nuestro trabajo es *tan* importante. Aunque, ¿tan importante como para justificar todo lo que de nosotros mismos, de nuestras horas y de nuestros años le hemos dedicado? Nosotros somos responsables, pero también lo son las organizaciones a las que pertenecemos —o pertenecimos—, que mantuvieron y fomentaron esa misma lógica.

Siempre que dicto un curso o doy una conferencia, me piden recomendaciones. Tengo que reconocer que no amo los "tips", pero sé que son necesarios. Forman parte de la experiencia habida con diferentes organizaciones durante la pandemia y de las mejores prácticas que he ayudado a crear en muchas de ellas. Podemos concluir que las claves de la cultura organizacional efectiva post Covid son:

- Líderes ágiles que puedan acompañar a su equipo en la transformación cultural.
- Organizaciones más humanas y solidarias, centradas en las personas.
- Resiliencia organizacional para enfrentar las próximas "pandemias" y los desafíos sucesivos.
- Revisión de las prioridades estratégicas del negocio, con las personas adentro. Comunicación de los nuevos objetivos.
- Fortalecimiento de la cultura colaborativa de los equipos. Desarrollo de equipos ágiles interáreas.
- Comunicación fluida interáreas para romper "silos" y "paredes", articulación permanente.
- Proyectos interáreas para repensar los procesos ineficaces y fortalecer las mejores prácticas.
- Comunicar, comunicar y comunicar. En tiempo y en forma. La comunicación permite mayor involucramiento y fomenta la colaboración.
- Creación de una cultura post Covid de apoyo mutuo.

Es fundamental poner en valor que, al tener que enfrentar todos la pandemia, el coronavirus, en tanto que enemigo común, generó vínculos en las relaciones, que facilitaron nuevos niveles de conexión con colegas y clientes. También se fortalecieron los vínculos con los compañeros de equipo, al haber trabajado juntos para resolver problemas, siendo proactivos en esta crisis común en las tareas que se organizaron para capear los tiempos difíciles. En estos casos, la pandemia ha acarreado una mayor colaboración y más entusiasmo, en virtud del trabajo en equipo y el esfuerzo compartido. Esos esfuerzos deben ser reconocidos, así como festejados los logros.

La flexibilidad debe estar tatuada en cada proceso. Dentro de lo posible, poder administrar el lugar geográfico donde nos desempeñemos, o administrar nuestros tiempos y trabajar por objetivos y resultados, genera una autonomía responsable y un bienestar único.

Hay que aprender de las buenas prácticas surgidas de la pandemia, de los logros del trabajo remoto, de la cercanía emocional que logramos con los otros. Los equipos de trabajo están experimentando el poder de "manejar el tiempo" y esto produce una sensación de bienestar sin precedentes.

Para conseguir este objetivo es importante:

- Brindar confianza. Quedó demostrado que el control perdió fuerza y que la generación de confianza fue lo que sumó buenos resultados. Nos dimos cuenta de que podemos ser más productivos con menos supervisión.
- Invertir en las buenas experiencias de los empleados. Así como tenemos orientación al cliente, llegó la hora de mirar hacia la experiencia del colaborador. Antes de la pandemia, un antiguo jefe me decía "No es lo mismo el pescado que comemos que el pescado que vendemos". La pandemia hizo que cambiara de opinión: el pescado que vendemos debe ser tan bueno como el que comemos.
- Brindar un equilibrio laboral saludable. En pandemia, el exceso de trabajo permanente generó agotamiento, estrés y sufrimiento. Como contrapartida, países como España han iniciado el proyecto piloto de la semana laboral de cuatro días. Advirtieron una reducción del ausentismo, la productividad subió y los trabajadores dicen estar más contentos.

- Estar entrenados para lograr cercanía y empatía con los equipos. Si bien el soporte técnico y tecnológico es fundamental para lograr la eficacia del trabajo híbrido, el soporte emocional de los equipos es lo que va a hacer la diferencia.

Sabemos que en el trabajo no podemos hacer nada solos, que es siempre con otros. Y aquí surge una paradoja que nos deja la pandemia: necesitamos al otro para hacer nuestro trabajo, pero el otro puede ser amenazante. Es una nueva dificultad que se nos va a instalar en el trabajo y en la vida en general, una dificultad que tenemos que superar. Necesitamos estar cerca para poder trabajar mejor con el otro, para el otro y por el otro. Ya experimentamos en la pandemia que estar aislados es sumamente peligroso desde la perspectiva psíquica.

¿Cuál sería, entonces, una proyección de trabajo psicológicamente saludable post pandemia? A riesgo de sonar utópico, deberíamos avanzar progresivamente hacia el tiempo libre y el desarrollo de las potencialidades. Con respecto a los "esenciales", su solidaridad y su sacrificio nos demostraron —y nos permiten pensar— que deberíamos suavizar la dualidad de la división del trabajo entre los que piensan y los que ejecutan, pelear contra esa desigualdad. Y finalmente trabajar para lograr libertad, para tener mayores posibilidades de decidir, un trabajo que se incline hacia la igualdad social y la fraternidad, hacia esa solidaridad necesaria para construir, a través del trabajo, con otros.

Siempre me fascinaron las historias de resurrección, los "ave fénix" en el cine, pero más aún en la vida, aunque para ser un ave fénix hay que quemarse. No sé si a partir de la pandemia todos nos quemamos o todos somos ave fénix. Pero sí sé que perdimos. Este libro no presenta un modo de empatar ni de ganar, sino un modo de afrontar la pérdida. Con ese fin, aporto mi humilde manera de ver el mundo post Covid, apostando desde la perspectiva psicológica a que podamos construir mejores lugares para trabajar.

Este libro les habla a las personas, más allá del "raviolito" del organigrama, del nombre que figura en la tarjeta, o del perfil de LinkedIn. Le habla a ese sujeto atravesado por una pandemia dolorosa que nos volvió conscientes y nos va a obligar a mirar la vida de un modo diferente. Nos volvió conscientes de lo que no sabemos, de nuestra finitud, de saber que lo que era normal dejó de serlo. Esta lamentable crisis que es la pandemia del Covid-19 podría también ser una oportunidad para mejorar nuestras vidas, nuestras organizaciones de trabajo e incluso nuestra sociedad. Para crear un mundo mejor, un mundo más inclusivo y sustentable.

Agradecimientos

"He sido un hombre afortunado: en la vida nada me resultó fácil" —dice Freud—. Esta frase me resuena como propia y es por eso que quiero agradecer.

A mis analistas María Eugenia Peirano por el instante de la mirada, a Osvaldo Umerez por el momento de comprender, y a Marta Scarpati por el tiempo de concluir.

A la UBA, que me permitió aprender, enseñar y seguir aprendiendo.

A la Universidad Torcuato Di Tella, que me enamoró siendo ya mayor, y a todo el maravilloso equipo de Educación Ejecutiva: Ariel Yukelson, Mariano Bergman, Vanina Pagani, Yael Romano, Rosario Zaballa Gallardo y, en especial, a Celeste Ortellado.

A la Universidad Maimónides, que confió en mí para liderar la cátedra de Psicología Organizacional y Empresaria 1 y 2, y a todo "mi" equipo de profesores. A las autoridades de la Facultad de Psicología.

A la Facultad de Psicología de la UBA y, en especial, a Claudio Alonzo, quien generosamente me invitó a ser parte del inicio de la cátedra 2 de Psicología del Trabajo, y a todo el hermoso equipo de colegas que la conforman.

A los alumnos, de quienes tanto recibí, porque quien enseña es el que más aprende.

A los colaboradores, líderes y organizaciones que me permitieron ser su *coach*, su consultor y su facilitador en estos más de veinticinco años, porque me posibilitaron transitar por toda la Argentina, América Latina, y mañana, tal vez será por el mundo.

Al equipo de excelentes profesionales de RHO, liderado por Luis Karpf, Karin Waingortin y Sebastián Maffeo. Allí conocí a grandes profesionales y amigos, como Diego Dileo, Alejandro Otero, Mario Schulman, Adrián Buchner, María Sol Elorza, Lucía Lavatelli y, en especial, a Ricardo Czikk, quien un día me invitó a compartir este viaje del trabajo en organizaciones y empresas.

A los hospitales públicos donde tanto aprendí y donde me formé en la clínica: el Hospital Vecinal Narciso López, de Lanús, y especialmente el Centro de Salud Mental N.°1 Dr. Hugo Rosarios, donde hice mi concurrencia y tantas otras cosas más.

A Nof-esh, por los viejos amigos y por convertirme en janij, y a la Sociedad Hebraica Argentina por convertirme en madrij, un rol que llevo a todos lados.

A los amigos de Barrilete Cósmico y de Deportivo Hebraica, un especial agradecimiento, porque, aunque no quede clara la autoría de la frase, "el fútbol es la cosa más importante entre las menos importantes". Sigamos jugando siempre.

A Estela, a "El Diego", a Dolina, a Charly y al Indio, "mis héroes en este lío". A los libros y autores que admiro, porque —parafraseando a Borges— soy mejor lector que escritor.

A los profesionales que forman parte de Contenido Humano, por su compromiso y colaboración.

A mis pacientes, por lo que sucede en esa singular práctica que es el psicoanálisis.

A mi amigo y editor Diego Melamed, ya que sin su soporte, calidad y calidez este libro no habría sido posible.

A mis amigos Gustavo Schultz, Néstor Hilsenrat, Marcelo Raimon, Guy Azubel, Diego de la Mano y Pablo Cymerman, que siempre están, y a sus familias.

A mi familia —mi madre, Jaime, mis hermanos Mariano y Shirly y sus familias—, a Edith y a Gregorio.

A la mujer de mi vida, Ianina Echodas, que sostiene y brilla, mi admiración.

A mis hijas, Male y Cami, mis amores, que son la luz de mi vida y quienes motorizan mi deseo de progresar como padre.

Bibliografía

Alonzo, C. (2011). "Los distintos enfoques sobre el trabajo humano". En Alonzo, C. (dir): *Cuadernos de Psicología del Trabajo* - Cátedra II (pp. 5390). Buenos Aires: JCE Ediciones.

Argyris, C. (1960). *Understanding Organizational Behavior.* Homewood: Dorsey.

Bauman, Z. (2005b). *Modernidad líquida.* Buenos Aires: Fondo de Cultura Económica.

—— (2005c). *Amor líquido. Acerca de la fragilidad de los vínculos humanos.* Buenos Aires: Fondo de Cultura Económica.

Benyakar, M. (2003). *Lo Disruptivo: amenazas individuales y colectivas: el psiquismo ante guerras, terrorismos y catástrofes sociales.* Editorial Biblos.

Benyakar, M.; Lezica, A. *et al.* (2005). *Lo traumático: clínica y paradoja. El proceso traumático.* (Vol. 1). Buenos Aires: Biblos.

—— (2012). "Lo Disruptivo y lo Traumático. Vivencias y Experiencias". En *Imago Agenda* N° 160. Recuperado de: http://www.imagoagenda.com/articulo.asp?idarticulo=1716

—— (2016). "Lo disruptivo y lo traumático: Abordajes posibles frente a situaciones de crisis individuales y colectivas". Universidad Nacional de San Luis. Recuperado de: http://www.neu.unsl.edu.ar/wp/content/uploads/2018/03/ Disruptivo-traumático.pdf

—— (2020). "El impacto disruptivo del coronavirus y la inmunidad psíquica". Recuperado de https://www.google.com/url?sa=t&rct=j&q=&esrc=s&source=web&cd=&cad=rja&uact=8&ved=2ah

UKEwjn38HXlpvxAhWUnpUCHc51CtsQFjAAegQIAxAD&url=
https%3A%2F%2Fpsicoadolescencia.com.ar%2Fdocs%2Fcoro
navirus%2Fvirus004.pdf&usg=AOvVaw19PmkSUuGWeRLGxCI
Em_Ma

Binswanger, L. (1972). *Tres formas de la existencia frustrada*. Trad. Edgardo Albizu. Buenos Aires: Editorial Amorrortu.

Blanchard, K. (1991). *El lider ejecutivo al minuto*. Grijalbo.

Brod, C. (1984). *Technostress: The human cost of the computer revolution*. Reading, MA. Addison-Wesley.

Byung-Chul Han, H. (2012). *La sociedad del cansancio*. Barcelona: Herder.

——— (2014). *Psicopolítica*. Barcelona: Herder.

Cabanas, E., Illous, E. *Happycracia: Cómo la ciencia y la industria de la felicidad controlan nuestras vidas*. (Audiolibro/ (9788449335563). Buenos Aires: Paidós.

Cabrera, J. (2014). *Redarquía – Más allá de la Jerarquía*. Madrid: Rasche.

Cravino, L. M. (2019). *El bienestar como parte de nuestros modelos laborales*. Recuperado de https://es.linkedin.com/pulse/el-bienestar-como-parte-de-nuestros-modelos-laborales-cravino

Czikk, R. (1999). "El equipo: ¿tiene dos caras?". En *Publicación de la Asociación Argentina de Capacitación y Desarrollo*, N° 49. Buenos Aires.

Dejours, C.; (1998a). "De la psicopatología a la psicodinámica del trabajo". En *Organización del trabajo y salud* (Dessors, D.; Guiho-Bailly, M., comps.). Buenos Aires: Lumen Humanitas.

Dejours, C. (2000). "Psicodinámica del trabajo y vínculo social". *Revista Actualidad Psicológica* (274).

——— (1998b). *El factor humano*. Buenos Aires: Lumen Humanitas.

——— (2013). *Trabajo Vivo: Sexualidad y trabajo*. Tomos 1 y 2. Buenos Aires: Topía.

Deleuze, G. (2005) "Posdata sobre las sociedades de control" . En Ferrer, Ch. (comp.). *El lenguaje literario. Antología del pensamiento anarquista contemporáneo*. La Plata: Terramar Ediciones.

Duncan, R. (1976). *The Ambidextrous Organization: Designing Dual Structures for Innovation. The Management of Organization Design: Strategies and Implementation*. (Vol. I) New York: North Holland.

Edmondson, A. (2018). *The Fearless Organization: Creating Psychological Safety in the Workplace for Learning, Innovation, and Growth*. New York: John Wiley & Sons.

Foucault, M. (2001). *Vigilar y castigar. Nacimiento de la prisión*. México, D.F.: Siglo Veintiuno Editores.

Frankl, V. (2015). *El hombre en busca de sentido*. Barcelona: Herder.

Freud, Sigmund (1930/1988). "El Malestar en la Cultura", En *Obras Completas,* Volumen XXI. Buenos Aires: Amorrortu Editores SA.

—— (1905/2002). "Psicopatología de la vida cotidiana". En *Obras Completas*. Buenos Aires: Amorrortu Editores SA.

—— (1910/2002). "Cinco conferencias sobre psicoanálisis". En *Obras Completas*. Buenos Aires: Amorrortu Editores SA.

—— (1916/2002). "Conferencia 18ª". En *Obras Completas*. Buenos Aires: Amorrortu Editores SA.

—— (1920/2002). "Más allá del principio del placer". En *Obras Completas*. Buenos Aires: Amorrortu Editores SA.

—— (1926/2002). "Inhibición, síntoma y angustia". En *Obras Completas*. Buenos Aires: Amorrortu Editores SA.

—— (1886/1942/1981). "Lecciones Introductorias al psicoanálisis". En *Obras Completas*. (4ª ed.1915/1916). Madrid: Biblioteca Nueva.

—— (1916/1917). "Conferencias de introducción al psicoanálisis". Vol XVI: Conferencia 18ª (pp. 250-261), Conferencia 23ª (pp. 326-343). Buenos Aires: Amorrortu Editores SA.

—— (1920/1922/1992). *Más allá del principio del placer. Psicología de las masas y análisis del yo* y otras obras. Vol. XVIII. Buenos Aires: Amorrortu Editores SA.

Galende, E. (1997). *De un horizonte incierto: psicoanálisis y salud mental en la sociedad actual*. Buenos Aires: Paidós.

Grabinsky Steider, S. (1992). *La empresa familiar*. México D.F., Editorial Del Verbo Emprender.

—— (2020). *La crisis del Coronavirus y sus repercusiones en las empresas familiares en México y el mundo*. México D.F.: Ciudad Universitaria. http://sug.unam.mx/docs/publicaciones/cuaderno_36.pdf

Graeber, D. (2018). *Trabajos de mierda. Una teoría*. Barcelona: Editorial Ariel.

Heifetz, R. (2009). *La práctica del liderazgo adaptativo: las herramientas y tácticas para cambiar su organización y el mundo*. Buenos Aires: Paidós Empresa.

Herzberg, F.; Mausner, B. y Snyderman, B. (1967). *The Motivation to Work*. New York: John Wiley & Sons.

Lacan, J. *Escritos 1*. Editorial Siglo XXI. Buenos Aires, 1987.

—— *Escritos 2*. Editorial Siglo XXI. Buenos Aires, 1987.

—— *El seminario, libro 4: La relación de objeto*. Barcelona: Paidós, 1994.

—— *El seminario, libro 5: Las formaciones del inconsciente*. Barcelona, Paidós, 1999.

Lencioni, P. (2015). *Las cinco disfunciones de un equipo*. Ciudad de México: Ediciones Urano.

Levinson, H.; Price, C.R.; Munden, K.J. (1962). *Men, Management and Mental Health*. Cambridge: Harvard University Press.

Luft, J. & Ingham, H. (1955). "The Johari window, a graphic model of interpersonal awareness". *Proceedings of the Western Training Laboratory in Group Development*. Los Ángeles: UCLA.

Maslow, A. (1943). "A Theory of Human Motivation". *Psychological Review*. Princeton: Princetown University.

—— (1962) *Toward a Psychology of Being*. New Jersey: Princeton, Van Nostrand.

McClelland, D. C. (1987). *Human Motivation*. Cambridge University Press.

Mehrabian, A. (1971). *Silent Messages*. California: Wadsworth.

—— (1972). *Nonverbal Communication*. Chicago: Aldine-Atherton.

Neffa, J. (2015) *Los riesgos psicosociales en el trabajo: contribución a su estudio*. Buenos Aires: Centro de Estudios e Investigaciones Laborales-CEIL-CONICET. PDF Archivo Digital: descarga ISBN 978-987-21579-9-9

Porrúa, M.; Lafuente M. *et al.* (eds.). (2021). Buenos Aires: Banco Interamericano de Desarrollo (BID). *Transformación digital y empleo público: el futuro del trabajo del gobierno*.

Pichon-Rivière, E. (1987). *El proceso creador*. Buenos Aires: Nueva Visión.

—— (1999). *El proceso grupal*. Buenos Aires: Nueva Visión.

Quindimil, D. (2019). "La comunicación interpersonal en las organizaciones". En C. Alonzo (comp.). *Segundo cuaderno de Psicología aplicada al Trabajo*. Buenos Aires: JCE Ediciones.

Robbins, S.P. (2013). "Comportamiento Organizacional: [conceptos, controversias, aplicaciones]". México D.F.: Pearson Education.

Ruiza, M.; Fernández, T. y Tamaro, E. (2004). "Biografía de Abraham Maslow". En *Biografías y Vidas. La enciclopedia biográfica en línea*. Barcelona.

Sábato, E. R. (1973). *Hombres y engranajes: Heterodoxia*. Alianza Editorial.

Salanova, M.; Cifre, E. y Martin, P. (1999). "El proceso de tecnoestrés y estrategias para su prevención" (I). *Revista de Salud, Trabajo y Prevención*. Vol. 1.

Salanova Soria, M. (2003). "Trabajando con tecnologías y afrontando el tecnoestrés: el rol de las creencias de eficacia". *Revista de psicología del trabajo y de las organizaciones*, 19(3), 225-246.

Salanova, M., Llorens, S., y Cifre, E. (2013). "The dark side of technologies: Technostress among users of information and communication technologies". *International Journal of Psychology*. New Jersey: Wiley & Sons. Recuperado de https://doi.org/10.1080/0020759 4.2012.680460

Schein, E. H. (1980). *Organizational Psychology*. Englewood Cliffs: Prentice-Hall.

—— (1992). *Psicología de la Organización*. México D.F.: Prentice-Hall.

Schlemenson, A. (2003). *La estrategia del talento: alternativas para su desarrollo en organizaciones y empresas en tiempos de crisis*. Buenos Aires: Paidós.

Soave, M. *et. al.* (2015). "Aproximación al Concepto de Salud Mental Vigente desde una Perspectiva Psicoanalítica", *Anuario de Investigaciones de la Facultad de Psicología*. Vol. 2, Núm. 1. Secretaría de Ciencia y Técnica, Universidad Nacional de Córdoba.

Tarafdar, M.; Bolman Pullins, E. y Ragu-Nathan, T. S. (2014). "Examining impacts of technostress on the professional salesperson's behavioural performance". *Journal of Personal Selling & Sales Management*. Greenfield: PI SIGMA EPSILON National Educational Foundation. Recuperado de https://doi.org/10.1080/08853134 .2013.870184

Toffler, A. (1970). *Future shock*. New York: Random House.

Umerez, O. (1999). *deseo-Demanda pulsión y síntoma*. Buenos Aires: Psiqué J.V.E. Editores.